WACO-McLENNA[...]
1717 A[...]
WACO TX 76701

WITHDRAWN

Casa de Borja

Una fascinante guía sobre los Borja y sus enemistades con la familia Médicis, la dinastía Sforza y Girolamo Savonarola

© Copyright 2024

Todos los derechos reservados. Ninguna parte de este libro puede ser reproducida de ninguna forma sin el permiso escrito del autor. Los revisores pueden citar breves pasajes en las reseñas.

Descargo de responsabilidad: Ninguna parte de esta publicación puede ser reproducida o transmitida de ninguna forma o por ningún medio, mecánico o electrónico, incluyendo fotocopias o grabaciones, o por ningún sistema de almacenamiento y recuperación de información, o transmitida por correo electrónico sin permiso escrito del editor.

Si bien se ha hecho todo lo posible por verificar la información proporcionada en esta publicación, ni el autor ni el editor asumen responsabilidad alguna por los errores, omisiones o interpretaciones contrarias al tema aquí tratado.

Este libro es solo para fines de entretenimiento. Las opiniones expresadas son únicamente las del autor y no deben tomarse como instrucciones u órdenes de expertos. El lector es responsable de sus propias acciones.

La adhesión a todas las leyes y regulaciones aplicables, incluyendo las leyes internacionales, federales, estatales y locales que rigen la concesión de licencias profesionales, las prácticas comerciales, la publicidad y todos los demás aspectos de la realización de negocios en los EE. UU., Canadá, Reino Unido o cualquier otra jurisdicción es responsabilidad exclusiva del comprador o del lector.

Ni el autor ni el editor asumen responsabilidad alguna en nombre del comprador o lector de estos materiales. Cualquier desaire percibido de cualquier individuo u organización es puramente involuntario.

Índice

INTRODUCCIÓN..1
CAPÍTULO 1 - ORÍGENES NOBILIARIOS...4
CAPÍTULO 2 - CALIXTO III Y SUS SOBRINOS 12
CAPÍTULO 3 - SIXTO E INOCENCIO 20
CAPÍTULO 4 - EL DESAFÍO DE ALEJANDRO 24
CAPÍTULO 5 - INVASIÓN, SECUELAS, ASESINATO 34
CAPÍTULO 6 - EL ASCENSO DE CÉSAR..43
CAPÍTULO 7 - LA SEGUNDA CAMPAÑA DE CÉSAR....................52
CAPÍTULO 8 - LA CONSPIRACIÓN 59
CAPÍTULO 9 - CRISIS 65
CAPÍTULO 10 - SAN FRANCISCO DE BORJA.................................74
VEA MÁS LIBROS ESCRITOS POR CAPTIVATING HISTORY 80
OBRAS CITADAS..81

Introducción

Era sábado, 12 de agosto de 1503, cuando el papa Alejandro VI mostró por primera vez signos de enfermedad. Tenía fiebre y, tras extraerle trece onzas de sangre, no parecía mejorar. Los médicos llegaron a la conclusión de que se trataba de una agonía terciaria; hoy la llamamos paludismo. El viernes 18 se confesó por última vez ante el obispo Gamboa de Cerignola, que le leyó la última misa. Recibió la Eucaristía en presencia de cinco cardenales y les dijo que se sentía fatal. Al atardecer, el papa de 72 años murió. Algunos se sorprendieron de su muerte, pues suponían que no podía morir porque había hecho un pacto con el diablo. Circularían rumores de que un coro de demonios acompañó su muerte, aunque el único relato de testigos oculares no mencionaba tal cosa. A pesar del diagnóstico de los médicos, muchos creyeron que había muerto por el veneno que se había administrado accidentalmente al intentar asesinar a otra persona. Alejandro no solo era papa cuando murió. Nacido Rodrigo Borja, era el jefe de la poderosa Casa de Borja, una familia que muchos recordarían sobre todo por su infamia.

Podría sorprender que una casa de la que salieron dos papas y un santo fuera recordada sobre todo por historias de asesinatos, incesto y libertinaje, pero así fue. Fue una de las familias más poderosas de Italia en una época en la que Italia era el centro de Europa. Los Borja (en italiano: *Borgia*) se enfrentaron a otras familias poderosas como los Médici y los Sforza. Se casaron con familias reales e intentaron forjarse sus propios reinos. Fueron desafiados por hombres como Savonarola, vilipendiados por hombres como Martín Lutero y ensalzados por hombres como Maquiavelo. Se los acusó de innumerables delitos, pero no se los condenó por casi ninguno. Sin embargo, algunos hechos hablan por sí solos, y los Borja no eran diferentes de otras grandes familias de la época. Eran ciertamente corruptos y practicaban un nepotismo extremo. Tomaban por la fuerza lo que no podían comprar. Sin embargo, es difícil determinar qué es calumnia, rumor o verdad en relación con la historia de la familia Borja. Sus orígenes son turbios, y su propia versión de sus comienzos es casi con toda seguridad ficticia.

Mientras que los Médici eran conocidos en primer lugar como comerciantes y banqueros, los Borja eran conocidos sobre todo como hombres ambiciosos y mujeres sin escrúpulos. Alejandro Dumas, el gran escritor francés, escribió sobre los Borja en su serie «Crímenes célebres». En el primer volumen, los Borja hablan despreocupadamente de la compra de votos para que su padre pueda convertirse en papa, mientras Lucrecia mira con deseo a su hermano. Olvidando la lujuria entre hermanos, si Dumas estaba en lo cierto, cabría preguntarse de dónde sacaban los Borja el dinero para comprar votos. La historia de ese dinero y del poder que vino con él es el origen de la Casa de Borja. Los numerosos enfrentamientos con otras familias, líderes religiosos y miembros de la realeza narran la historia de sus intentos por mantener y expandir su poder. Los rumores que los cubren como telarañas son la historia del declive de la Casa de Borja. Esta será la trayectoria de este libro.

La realidad de la simonía, la compraventa de favores eclesiásticos, es crucial para entender esta historia, al igual que el panorama político de la Europa de los siglos XV y XVI. Era el apogeo del Renacimiento italiano. A la muerte del papa Alejandro VI, Leonardo da Vinci empezaba a pintar la *Gioconda* y Jerónimo Bosch seguía trabajando en *El jardín de las delicias*. Cristóbal Colón descubría más islas en el Caribe y Vasco de Gama construía la primera fortaleza portuguesa en la India. Fue también una época de fuertes convicciones religiosas. La religión estaba en el centro de la vida de todos, y casi todo el mundo en Europa era católico romano. El centro de la Iglesia era el papa, así que, aunque Alejandro VI tenía una amante e hijos, eso no preocupaba demasiado a sus seguidores. Era un líder fuerte, necesario en una época de lealtades cambiantes y conspiraciones abiertas. Sin duda, la Casa de Borja comprendía los riesgos que conllevaba el poder, pero ¿eran más corruptos, asesinos, inescrupulosos o taimados que otros en su posición? Por otra parte, ¿cómo una familia de orígenes turbios llegó a ser tan rica y poderosa, para luego caer de forma tan dramática? ¿Cuál es el legado de la Casa de Borja?

Capítulo 1 - Orígenes nobiliarios

El escudo de armas de la Casa de Borja
MostEpic, CC BY-SA 4.0 <https://creativecommons.org/licenses/by-sa/4.0>, vía Wikimedia Commons https://commons.wikimedia.org/wiki/File:Arms_of_the_house_of_Borgia_(1).svg

Hay una ciudad en el noreste de España llamada Borja, y se supone que fue allí donde comenzó la familia, pero no hay pruebas definitivas. La primera vez que se menciona a la familia Borja en los registros históricos es en la ciudad de Xàtiva (Játiva), en Valencia. Los musulmanes habían introducido la fabricación de papel a España cuando la conquistaron, y los molinos permanecieron después de la Reconquista. Xàtiva, gobernada por la Corona de Aragón, era un centro de fabricación de papel, y se cree que algunos miembros del clan Borja trabajaron allí en la industria maderera. Cuando se recuperaron las tierras de los musulmanes, se repartieron parcelas de tierra, y los padrones mencionan a varias personas con el apellido «de Borja». En 1378 nació (y fue bautizado) en Xàtiva Alonso de Borja, hijo de un hacendado llamado Domingo de Borja. Los posteriores miembros de la familia Borja afirmarían que él y sus hermanos descendían de la realeza. El reino de Aragón se creó cuando murió el rey Sancho III y dejó esa parte de su reino a su hijo ilegítimo, Ramiro I. Por la larga línea de descendientes, se decía, llegó Alonso de Borja. Pero las afirmaciones son muy dudosas y carecen de fundamento. Uno de sus supuestos antepasados directos no parece haber engendrado ningún hijo, lo que hace aún más dudosa la afirmación.

El año de nacimiento de Alonso, 1378, fue dramático en Europa. Fue el comienzo del Cisma de Occidente y el año de dos papas. Tras casi setenta años en Aviñón, el papado acababa de regresar a Roma. Urbano VI, un italiano, fue elegido papa, pero se mostró hostil a los cardenales bajo su mando. Estos cardenales eligieron entonces a su propio papa, el «antipapa» Clemente VII, que era francés y residía en Aviñón. Urbano VI fue apoyado por Inglaterra, gran parte de Alemania, Nápoles y Flandes, mientras que Clemente VII fue apoyado por Francia, Escocia, Milán y la Corona de Aragón. Finalmente, un tercer papa sería elegido, y cada bando afirmaría que el otro apoyaba al Anticristo. Esta ruptura no se curaría hasta 1417, cuando Martín V se convirtió en papa. Para algunos, el cisma apenas afectó a la Iglesia católica romana, el monolito de la vida europea. Para otros, hizo surgir ideas que apoyaban las iglesias nacionales y la idea de la religión como expresión del individuo.

En España, que aún sufría los efectos de la ocupación musulmana, la Iglesia seguía siendo la autoridad incuestionable en todos los asuntos religiosos. La Iglesia tenía poder. Los musulmanes que quedaban en España, e incluso los judíos, eran presionados constantemente para que se marcharan o se convirtieran al cristianismo. Los musulmanes, en sus bellas ciudades como Valencia, habían tolerado a judíos y cristianos, pero ahora que los cristianos habían recuperado el control, la tolerancia estaba pasando de moda. Muchos judíos y musulmanes fueron convertidos a la fuerza, y a estas personas se las llamó «marranos». En

1391, hubo una conversión forzada masiva. Más tarde, los enemigos de los Borja afirmarían que, de hecho, eran marranos, pero no hay pruebas que lo demuestren.

A los catorce años, Alonso de Borja fue enviado a la Universidad de Lleida, o *Estudi General de Lleida*. Una historia cuenta que el joven Alonso de Borja, presumiblemente antes de ir a la universidad, conoció al famoso predicador y hombre santo valenciano Vicente Ferrer, que se había licenciado en teología en la Universidad de Lleida. Se supone que Ferrer dijo que el joven alcanzaría un día «la más alta autoridad que el hombre mortal puede obtener». Que Ferrer hiciera esta profecía es, por supuesto, cuestionable. Las palabras podrían haber sido puestas en boca del sacerdote por alguien con ayuda de la retrospección. A los catorce años, no había ninguna razón para pensar que Alonso obtendría una sede de autoridad más allá de la tierra de su padre o que sería la más alta autoridad que un hombre mortal pudiera obtener, es decir, la sede del papa. Al menos parece muy probable que ambos se conocieran en algún momento, y más tarde en la vida, Borja reconocería la importancia de Ferrer para la Iglesia.

La universidad de Alonso había sido creada por el rey de Aragón basándose en una bula papal del papa Bonifacio VIII en 1300. Cuando Alfonso ingresó en la universidad, a finales del siglo XIV, Europa estaba cambiando radicalmente. La peste negra había asolado el continente unos veinte años antes del nacimiento de Alfonso. Sin embargo, las poblaciones urbanas de muchas zonas se recuperaron rápidamente. Fue una época que los historiadores verían más tarde como una transición de la Edad Media a algo más cercano a la Europa Moderna, a menudo llamado Renacimiento. Los institutos de enseñanza eran cada vez más comunes y los intelectuales empezaron a estudiar los antiguos escritos grecorromanos y las matemáticas musulmanas, así como a desarrollar una nueva forma de pensar sobre el mundo. Esta nueva forma de pensar no daba importancia a lo sobrenatural, sino al individuo. Se llamaría humanismo.

El humanismo no estaba necesariamente reñido con las enseñanzas de la Iglesia católica romana. En la Universidad de Lérida, los textos, las conferencias, las disputas y los exámenes se impartían en latín. Aristóteles habría ocupado un lugar destacado en los temas profanos. Alonso habría estudiado el *Corpus Juris Civilis* (Cuerpo de Derecho Civil) de Justiniano y el *Corpus Juris Canonici*, una colección de fuentes sobre el derecho canónico de la Iglesia católica. También podría haber estudiado a Cicerón y Virgilio.

El objetivo de Alonso era aprobar los exámenes para obtener la licenciatura en Derecho, lo que a menudo llevaba varios años. Las universidades del sur de Europa no estaban especialmente bien organizadas, y los profesores de Derecho o Medicina solían gozar de una autonomía casi total. Debemos suponer que Alfonso era un buen estudiante porque aprobó los exámenes y se convirtió en catedrático de Derecho en la universidad, un honor poco frecuente.

Como catedrático, impartiría clases y exámenes, pero también se habría dedicado al estudio independiente. No era un profesor humanista, ya que eso fue más tarde. No hay indicios de que enseñara más sobre derecho civil o canónico, pero dados sus futuros esfuerzos, es probable que se centrara en el derecho canónico. Alonso no era el tipo de hombre que desafiaba las opiniones aceptadas de la época. Creía en la rectitud de la Iglesia católica y era un cristiano indudablemente devoto. Sin embargo, es importante señalar que Alonso no era profesor de teología. Parece que le preocupaba tanto el poder de la Iglesia como su santidad. Era decidido, honesto y sin escándalos. Como hijo único, se esperaba que se casara y se hiciera cargo de las propiedades de su padre, pero no fue así.

Cuando Alonso tenía 37 años, se convirtió en clérigo de una catedral local como canónigo y fue elegido representante de Lérida en el Concilio de Constanza, que se convocó para abordar el Cisma de Occidente que había comenzado el año en que Alonso había nacido. A lo largo de cuatro años, el concilio destituyó a dos antipapas y el último papa legalmente elegido dimitió en aras de la unidad. Entonces eligieron al cardenal Oddone Colonna, miembro de la noble familia romana de los Colonna, que se convirtió en el papa Martín V. La poderosa familia Colonna llevaba mucho tiempo en guerra con la igualmente poderosa familia Orsini, también de Roma. Muchas de las luchas de poder de la Iglesia católica en el siglo XV giraron en torno a estas facciones enfrentadas. Sin embargo, el Concilio de Constanza no lo resolvió todo. Un español se había autoproclamado papa Benedicto XIII y contaba con el apoyo del reino de Aragón, patria de Alonso.

Borja se encontraba en una posición difícil, y no está claro si se pronunció a favor o en contra de algún argumento en particular. Sin embargo, parece que la situación de los papas canallas y los desafíos que el concilio había planteado a Martín V le inculcaron la convicción de que la Iglesia necesitaba estar unificada para funcionar y que el poder del papa no podía ser cuestionado. El rey de Aragón llamó entonces a Alonso para explicarle las decisiones del concilio y la situación en Roma. El rey se llamaba Alfonso V.

Alfonso V de Aragón tenía veintiún años cuando Alonso de Borja lo conoció. Borja tenía el doble de edad que el monarca. El rey era joven y lleno de vida, iniciando ya campañas para conquistar Córcega y Cerdeña. Se llamaría Alfonso el Magnánimo y era conocido por su ingenio y encanto. Borja, en cambio, era un catedrático de derecho de mediana edad, serio, estudioso y poco conocido salvo por su firme dominio de las leyes. Por alguna razón, el rey se encariñó con el profesor y no tardó en ofrecerle trabajo como secretario real. Borja debió de sorprenderse, pero aceptó de buen grado. Había algo más en Borja. Había una oportunidad considerable, y él fue lo bastante audaz como para aprovecharla. Muy pronto, Borja se convirtió en el principal consejero del rey, y este se situó en el centro de los asuntos europeos.

El antipapa español Benedicto XIII murió poco después de haber nombrado cardenales, que eligieron al antipapa Clemente VIII. En 1421, la reina Juana II de Nápoles pidió ayuda al rey Alfonso V para defender su reino de los invasores franceses. A cambio de su ayuda, le ofreció convertirlo en su heredero. Borja sugirió que el rey cambiara su apoyo de Clemente VIII a Martín V para ayudar a fortalecer su reclamación de Nápoles, un feudo papal. Se envió una carta de amistad al papa. Alfonso y su ejército viajaron a Nápoles y comenzaron a luchar contra los franceses. Martín V, sin embargo, apoyó a Luis de Anjou, el líder del ejército francés, y su reclamación del trono de Nápoles. En respuesta, el rey Alfonso reafirmó su apoyo al antipapa Clemente VIII.

La guerra en Nápoles se prolongó. La reina Juana cambió de opinión sobre su trato con el rey Alfonso, convirtiendo a Luis en su heredero y declarando a Alfonso invasor. En medio de todo esto, el rey Alfonso se vio obligado a regresar a España para hacer frente a los ataques en las fronteras de Aragón. Mientras estaba fuera, su ejército fue derrotado, y el comandante fue asesinado.

En España, Borja aconsejó una vez más a Alfonso que intentara arreglar las cosas con Martín V. Había poco que perder con la oferta y, según Borja, Martín podría ser persuadido de apoyar la reclamación de Nápoles por parte de Alfonso. Comenzaron las negociaciones con el papa. Martín accedió a aceptar la reclamación de Nápoles de Alfonso, mientras que Alfonso aceptó que Martín pudiera ser el verdadero papa. En 1429, Borja buscó al antipapa Clemente VIII y lo convenció para que renunciara a su pretensión al papado y reconociera a Martín V. A cambio, Clemente fue nombrado obispo de Palma.

Por su trabajo, el papa Martín V nombró a Borja obispo de Valencia. Ahora, el nombre de Borja había salido de las sombras. Valencia era rica, y el obispo también. El nombramiento fue especialmente satisfactorio porque era la diócesis de la región natal de Borja. Se convirtió en un héroe para el resto de su familia y se mudó a un gran palacio con su hermana viuda, Isabel, y los hijos de esta. Uno de ellos era el joven sobrino de Borja, Rodrigo.

Alonso de Borja fue finalmente ordenado sacerdote. Poco después, en el año 1431, murió el papa Martín V. Esto provocó otro periodo de luchas en el seno de la Iglesia que se extendieron por todo el continente. Martín V fue sucedido por el cardenal Gabriele Condulmer de Venecia, que tomó el nombre de Eugenio IV. Para convertirse en papa, Eugenio tuvo que aceptar ceder la mitad de los ingresos de la Iglesia a los cardenales. Sin embargo, Eugenio se mostró enemigo de la familia Colonna, lo que provocó más conflictos. Eugenio se vio obligado a huir de Roma y pronto convocó un concilio en Ferrara, donde fue depuesto. Se eligió a un antipapa, Félix V. Para disgusto del obispo Borja, Félix fue apoyado por el rey Alfonso V de Aragón.

Alfonso V había regresado a Nápoles y había traído consigo a Borja. Entre las muchas responsabilidades de Borja figuraba el establecimiento de sistemas judiciales en las zonas conquistadas por Alfonso. También se le encomendó la educación del hijo ilegítimo de Alfonso, Fernando (Ferrante). El rey esperaba que si lograba tomar Nápoles, se la dejaría a Fernando. Mientras tanto, Borja no ocultaba su oposición al antipapa Félix V. Cuando Alfonso le nombró enviado al concilio de Basilea, que eligió a Félix, Borja se negó a ir. Cuando el papa Eugenio convocó un nuevo concilio en Florencia, Borja acudió en persona. Aun así, Alfonso V mantuvo al obispo como su principal consejero y secretario.

En 1442, las tornas habían cambiado en la guerra de Nápoles. Alfonso V derrotó finalmente al ejército angevino. Sin embargo, dado que Nápoles era reconocida en toda Europa como feudo papal, Alfonso necesitaba la aprobación del papa para ocupar el trono. En este punto, Borja intervino y alentó la reconciliación entre Alfonso y Eugenio. La pretensión de Félix estaba perdiendo poder, por lo que era la decisión más lógica. Alfonso reconoció entonces a Eugenio IV como papa, y Eugenio aprobó a Alfonso como nuevo rey de Nápoles. Por su importante papel en la unificación de la Iglesia, Borja fue nombrado cardenal. El papa Eugenio también reconoció a Fernando como legítimo heredero al trono de Nápoles.

Después, en 1445, el cardenal Borja se trasladó a Roma, a un tranquilo palacio cerca de las ruinas del Coliseo. Allí podría haber esperado vivir retirado, lejos de las exigencias de España y Nápoles. No se ocupó de las luchas de las familias poderosas de Roma ni de la política de la Iglesia. Cuidaba sus jardines y hacía donaciones a instituciones benéficas. Su nombre se latinizó. Ya no era Alonso de Borja, sino el cardenal Alfonso Borgia. Como español, era un extraño, pero no parece que se sintiera especialmente mal por la situación.

Entonces, dos años después de mudarse a Roma, el papa Eugenio IV murió. Borja, como cardenal, podría haber sido considerado para la corona papal, pero no lo fue. Fue a parar a un recién llegado, el cardenal Tommaso Parentucelli, de 49 años, originario de la región italiana de Lunigiana. Parentucelli tomó el nombre de Nicolás V. Era joven y enérgico, y se suponía que su estancia en el trono papal sería larga. El cardenal Borja, en cambio, tenía 68 años y parecía poco probable que añadiera mucho más a sus grandes logros. Nicolás fue un papa renacentista y promovió las obras artísticas y literarias. Fue mecenas del pintor Fra Angelico, introdujo el humanismo en la Iglesia y fomentó las traducciones de antiguos textos paganos. También ayudó a reconstruir las murallas de Roma y a restaurar los famosos acueductos que proporcionaban agua potable a la ciudad. Estableció el Vaticano como residencia oficial del papa.

Cuando Constantinopla cayó en manos de los turcos otomanos en 1453, Nicolás animó a los eruditos griegos a viajar a Roma. Ayudó a crear la Biblioteca Vaticana, con una colección de cinco mil textos. Sin embargo, Nicolás también promulgó bulas papales que permitían a los europeos tomar esclavos de las tierras recién descubiertas en África Occidental. Mientras tanto, cabe suponer, el cardenal Borja cuidaba de sus jardines. Luego, en 1455, el papa Nicolás V murió inesperadamente de lo que sus médicos llamaron «apoplejía». Esto obligó a los quince cardenales de Roma a enclaustrarse en el palacio papal para formar el Sagrado Colegio Cardenalicio que elegiría a un nuevo papa. Un candidato necesitaba diez votos para ganar. Era una tarea incómoda, sobre todo porque todas las ventanas estaban tapiadas, por lo que la oscuridad era perpetua. Los cardenales vivían en pequeñas celdas y solo podían ver a la luz de las velas.

La dificultad de elegir un papa no era nueva. En el centro de la misma estaba la disputa de sangre entre las dos principales familias romanas: los Orsini y los Colonna. Estaban representadas en el colegio por el cardenal Latino Orsini y el cardenal Prospero Colonna, sobrino del antiguo papa Martín V. Una elección obvia para papa podría haber sido el cardenal Domenico Capranica, romano y reformador. Pero había estado demasiado cerca del papa Martín V y, por tanto, demasiado vinculado a la familia Colonna. Otra opción era el cardenal Pietro Barbo, un veneciano generoso que era sobrino del papa Eugenio IV. Pero esto provocó que fuera odiado por la familia Colonna porque Eugenio se había opuesto a ellos. El colegio consideró al cardenal Basilios Besarión, que había formado parte de la Iglesia ortodoxa oriental, pero había huido cuando cayó Constantinopla. Se había convertido a la fe católica romana, pero era demasiado extraño. En contra del protocolo de la Iglesia, llevaba una larga barba.

Finalmente, los cardenales se decidieron por un hombre sin vínculos con los Colonna o los Orsini, enemigo de nadie, un cardenal tranquilo y retirado. Era conocido por ser leal a la Iglesia y recordado como un unificador. No era codicioso ni ambicioso. No era italiano, pero tampoco un completo extranjero. Además, tenía 76 años. Los cardenales pensaron que un papa anciano era preferible porque no estaría mucho tiempo en el poder y no podría causar demasiados problemas si resultaba ser un líder poco respetable. El hombre que eligieron no fue otro que el cardenal Alfonso Borja, que luego se convirtió en el papa Calixto III. No tenían ni idea de lo que habían puesto en marcha.

Capítulo 2 - Calixto III y sus sobrinos

El papa Calixto III
https://commons.wikimedia.org/wiki/File:Calixtus_III.jpg

El día de la coronación de Calixto III, los matones de Orsini y Colonna recorrían las calles de Roma, molestos porque un «catalán» fuera papa. Los grupos acabaron por enfrentarse y estalló un motín que el nuevo papa y su séquito tuvieron que sortear para llevar a cabo las ceremonias tradicionales del cargo. Calixto estuvo a punto de ser arrojado de su caballo. El papa ordenó a Latino Orsini que controlara a su pueblo. Fue su primera orden directa, pero ni mucho menos la última. Pronto se restableció la paz en la ciudad. Calixto permaneció en cama durante gran parte de su reinado, principalmente debido al dolor de gota, pero esto no le impidió tomar medidas. Tenía un flujo constante de secretarios que escribían cartas y bulas al dictado, además de hacer recados. Su principal preocupación eran los turcos otomanos.

El sultán Mehmed II (el Conquistador) solo tenía veintitrés años cuando Calixto llegó al poder. Había tomado Constantinopla y avanzaba hacia Europa a través de los Balcanes. Para detenerlo, Calixto empezó a construir galeras y a contratar tripulaciones para tripularlas. Para pagarlas, limitó enormemente sus gastos personales y los de la Iglesia. Bajo Nicolás V se redujeron los programas de construcción, y a los artistas y eruditos empleados anteriormente por el Vaticano se les dijo que sus servicios ya no eran necesarios. Se vendieron fincas de propiedad eclesiástica y grandes cantidades de oro y plata, incluida la platería, para pagar las galeras. Las indulgencias, promesas de liberación del castigo en la otra vida, se vendieron por todo el continente. Calixto también envió cartas a la realeza y a los ricos de Europa pidiendo ayuda para esta nueva cruzada, pero Europa no estaba de humor para otra cruzada.

Calixto tendió la mano a la poderosa familia Sforza, que controlaba Milán, pero Francesco Sforza no tenía ningún interés en luchar contra los turcos. Venecia estaba preocupada por la amenaza otomana, pero no estaba interesada en una alianza con el papado y quería hacer las cosas a su manera. No está claro si Calixto solicitó ayuda a Cosme de Médicis en Florencia, pero ya entonces no había una buena relación entre el papa y los Médicis. Sin embargo, el antiguo patrón de Calixto, Alfonso V de Aragón, prometió darle una flota. Tenía una lista, pero la utilizó para atacar Génova antes de que la flota de Calixto pudiera unirse a ella.

Alfonso había prometido ayudar en la cruzada, pero en su lugar se había dedicado a su propia agenda de conquista. Calixto lo tomó como una traición personal. En respuesta, Calixto se negó a autorizar las bulas papales que convertían al hijo de Alfonso, Fernando, en su legítimo heredero. También se negó a conceder el divorcio a una mujer a la que Alfonso quería hacer su reina. Fue entonces cuando Alfonso se sintió ofendido. Calixto amenazó con deponer a Alfonso, mientras que Alfonso amenazó con deponer al papa. Se convirtió en una amarga rivalidad que duraría la vida de ambos.

En 1456, sin embargo, la política de Calixto de enviar dinero a las fuerzas que resistían a los turcos en Serbia resultó fructífera: el genio militar Janos Hunyadi pudo hacer retroceder a Mehmed II con una derrota crucial de los otomanos. Al mismo tiempo, la flota de Calixto, bajo el mando del cardenal legado Scarampi, mantuvo a la armada otomana distraída y a la defensiva, logrando mucho con muy poco apoyo.

Mientras Calixto intentaba evitar la invasión de los otomanos, también estaba centrado en cuidar de su familia. Su hermana Isabela se había casado con don Jofré de Borja, miembro de otra rama de la familia. Murió en 1437. Los hijos de Isabela y los de la otra hermana de Calixto, Catalina, fueron orientados hacia carreras eclesiásticas una vez que Calixto empezó a ganar prominencia en ese ámbito. El hijo de Isabela, Rodrigo, ya recibía rentas eclesiásticas de la iglesia de la villa de Xàtiva siendo apenas un niño. En 1449, cuando Rodrigo contaba dieciocho años, el papa Nicolás V, muy probablemente a instancias de Calixto, emitió una bula papal para permitir que el joven siguiera percibiendo rentas de Xàtiva, Barcelona y Valencia incluso cuando abandonara España para estudiar Derecho en la Universidad de Bolonia.

En 1455, con su tío como papa, Rodrigo se convirtió en protonotario apostólico con amplios poderes. El primo de Rodrigo, el obispo Luis Juan del Milá, se convirtió en legado papal de Bolonia. El hermano de Rodrigo, Pedro Luis Borja, se convirtió en comandante del Castel Sant'Angelo, un poderoso cargo en Roma. Los tres eran veinteañeros. Al año siguiente, su tío acumuló más ascensos. Tanto Rodrigo como Luis Juan se convirtieron en cardenales, y Pedro Luis fue nombrado capitán general del ejército papal. Era claramente nepotismo, pero había cierta lógica detrás. Calixto estaba rodeado de cardenales egoístas que solo esperaban su muerte. Necesitaba hombres de confianza que siguieran sus órdenes. Los tres primos no solo eran parientes de sangre, sino que le debían todo su éxito.

En teoría, la Iglesia poseía una enorme cantidad de tierras, llamadas los Estados Pontificios, pero en su mayoría estaban fuera del control del Vaticano y eran dirigidas por poderosas familias y señores de la guerra. Calixto quería corregir este error. El cardenal Luis Juan debía poner a Bolonia bajo control. Pedro Luis debía hacer marchar al ejército papal para reconquistar las zonas al norte y al oeste de Roma. Finalmente, Rodrigo fue enviado para poner la marcha de Ancona bajo control papal. Fue un delicado trabajo de diplomacia, pero Rodrigo Borja demostró estar a la altura de la tarea. Tras un breve período, volvió a tener la zona bajo control. Calixto lo nombró vicecanciller de la Iglesia, un cargo solo superado por el papa.

El 27 de junio de 1458, Alfonso V de Aragón murió de una afección pulmonar. Para Calixto, fue una bendición. La enconada rivalidad entre ambos había sido durante mucho tiempo un punto conflictivo en los planes de Calixto. El hijo ilegítimo de Alfonso, Fernando, quería heredar Nápoles, pero Calixto se oponía. Fernando no solo era un vínculo directo con su padre, sino que Calixto lo conocía y había ayudado a educarlo. Hay razones para creer que Calixto se opuso a él no solo por sus propios designios, sino también porque temía en qué clase de gobernante se convertiría Fernando. Según Calixto, Alfonso V había muerto sin heredero y, de acuerdo con la ley, Nápoles debía ser absorbida por los Estados Pontificios. Nápoles era un reino grande y rico, por lo que si Calixto podía asegurarlo para el Vaticano, le beneficiaría enormemente a él, a sus objetivos y a la Iglesia.

Sin embargo, para agosto, era evidente que el papa se estaba muriendo. Sus muchas dolencias habían empeorado, y Rodrigo regresó de Ancona para estar con su tío. Cuando se supo que Calixto III estaba en su lecho de muerte, la actitud pública en Roma se volvió contra los Borja, especialmente contra Pedro Luis, odiado por los Orsini por su papel en el fin del control de ciertas tierras papales. Se vio obligado a huir de la ciudad en secreto; sin embargo, Rodrigo se quedó. Estaba allí cuando el papa Calixto III, nacido Alonso de Borja, murió el 6 de agosto de 1458. Calixto había hecho lo posible por colocar a su familia en puestos de poder, pero ahora le tocaba a la siguiente generación —en particular, al cardenal Rodrigo Borja— mantener y aumentar ese poder.

El Sacro Colegio se reunió rápidamente y los cardenales eligieron al cardenal Eneas Piccolomini, de 52 años, para ocupar el trono papal. Tomó el nombre de Pío II. Pío era un humanista italiano y un buen amigo de Rodrigo Borja, quien ayudó a que fuera elegido. Pío era un hombre de letras, ya que había sido poeta laureado y secretario privado de Federico III de Austria. A diferencia de otros papas, tuvo muchos hijos ilegítimos. Se comprometió a continuar la campaña de Calixto en favor de una cruzada contra los turcos.

Rodrigo mantuvo su cargo de vicecanciller y utilizó su posición para adquirir una buena cantidad de riqueza otorgándose a sí mismo títulos generadores de ingresos y exigiendo sobornos para conceder títulos e indultos a otros. Comenzó entonces a construirse un gran palacio en Roma, en la calle que iba del Vaticano a Letrán, el palacio imperial de los antiguos emperadores romanos. Rodrigo se convirtió en la mano derecha de Pío, y una de las primeras tareas que este le encomendó fue difícil. Rodrigo tenía que ir a ver a su hermano, Pedro Luis, que se escondía de sus enemigos Orsini, y convencer al que fuera capitán general del ejército papal de que renunciara a sus títulos y regresara a España. Rodrigo lo consiguió; sin embargo, cuando regresó a Roma, pronto recibió la noticia de que su hermano había muerto de malaria.

Pío dedicó toda su atención a los turcos. Intentó reunir a representantes de todos los países de Europa en la ciudad de Mantua en 1459 para discutir su propuesta de una cruzada contra los otomanos, que recientemente habían capturado Atenas. Casi nadie asistió a las reuniones, y los que lo hicieron no fueron de gran ayuda. Los venecianos se oponían a una cruzada; los franceses estaban ofendidos porque Pío se opusiera a la reclamación angevina de Nápoles y apoyara a Fernando. Francesco Sforza llegó con cuatro meses de retraso. Nada se logró. Aun así, Pío emitió una bula papal declarando que habría una cruzada, que comenzaría en 1464.

Pío tomó entonces la ruta panorámica de regreso a Roma, deteniéndose en su región natal de Toscana. Entonces llegó al papa la noticia de que Fernando había sido derrotado en Nápoles por el ejército angevino y una banda de barones rebeldes. Los turcos continuaron su avance hacia Europa. Luego, mientras visitaba las aguas curativas de Petriolo, Pío recibió la noticia de que el cardenal Rodrigo había estado en Siena y había participado en un asunto libertino. Esta sería la primera, pero ni mucho menos la última vez que el nombre de Borja se asociaba con el escándalo. El papa escribió a Borja que se había enterado de que el vicecanciller había pasado cinco horas en compañía de muchas mujeres desatendidas. Se había comportado como «uno de los hombres más vulgares de vuestro tiempo». Se dijo que esta fiesta se convirtió en una orgía. Pío estaba particularmente asombrado porque antes había pensado que se podía confiar en que Borja no se comportaría con indiscreción.

Sin embargo, una carta de Pío a Borja no mucho después indicaba que, aunque quizás inmodesto, el incidente no había sido tan grave como el papa había oído. Perdonó a Rodrigo, pero le advirtió que se corrigiera. Nunca se sabrá qué ocurrió exactamente en esta fiesta y qué papel desempeñó Rodrigo Borja en ella. Las cartas de Rodrigo a Pío se han perdido o posiblemente han sido destruidas, por lo que su versión de la historia nunca será revelada. En cualquier caso, parece que el incidente fue más un rumor que un hecho. Aun así, Rodrigo debió tomar la advertencia de que debía ser más discreto en el futuro. Poco después, el cardenal Borja tuvo su primer hijo ilegítimo con una amante anónima. El niño, llamado Pedro Luis por el hermano muerto de Rodrigo, fue enviado de vuelta a Xàtiva para ser criado por sus parientes en 1462 o 63.

Aunque Rodrigo tenía un gran palacio, al parecer era desagradable ser su invitado a cenar. Los embajadores afirmaban que la comida era demasiado simple y sencilla. La verdad era que en 1462, Rodrigo Borja estaba en bancarrota. Aunque tenía varias fuentes de ingresos, como se ha dicho, sus gastos eran demasiado elevados. Continuó las obras de su palacio al tiempo que pagaba la construcción de un palacio episcopal en Pienza a petición de Pío. Borja también estaba pagando una galera y su tripulación como parte de la esperada cruzada y proporcionando tropas y caballos para una guerra en los Estados Pontificios contra un señor de la guerra de la brutal familia Malatesta. En ese momento, Borja intentó vender su palacio al Vaticano, pero este no tenía dinero para comprarlo. Acabó hipotecando su palacio. Esto no era particularmente único para los cardenales de la época. De hecho, algunos cardenales parecían ser fabulosamente ricos, pero esto se debía en gran parte a que habían heredado fortunas. Para ser un miembro de éxito del Sacro Colegio, se esperaba que uno viviera fastuosamente y gastara en consecuencia, al tiempo que proporcionaba apoyo financiero para el funcionamiento de la Iglesia, incluidos los onerosos costos de las guerras. Los cardenales a menudo bailaban entre la riqueza y la pobreza, pidiendo prestado, sobornando y tomando lo que podían. Rodrigo Borja no fue una excepción.

En julio de 1464, el papa y su séquito llegaron a Ancona para iniciar la cruzada contra los turcos. Pío había decidido liderar la cruzada, aunque no tenía experiencia militar. Ancona estaba sofocantemente calurosa y terriblemente abarrotada, en gran parte por voluntarios que carecían de provisiones propias. Los venecianos habían decidido finalmente apoyar la cruzada y estaban enviando una flota para recoger a los cruzados, pero como era de esperar llegaron tarde. Mientras los cruzados esperaban a la flota, estalló la peste bubónica. El 9 de agosto, Rodrigo contrajo la enfermedad y cayó gravemente enfermo. Un médico lo vio y declaró su caso sin esperanza, en parte porque se informó de que Rodrigo «no había dormido solo en la cama». Algunos han interpretado esto como que estaba en la cama con una mujer, pero es igual de probable que compartiera cama con otro miembro del clero debido a las estrechas condiciones de Ancona. Pío ya estaba enfermo, y la espera fue demasiado para él. El 14 de agosto llegó la flota veneciana, pero al día siguiente el papa había muerto. Los venecianos se marcharon, al igual que los voluntarios, y la cruzada de Pío terminó antes de salir de Italia.

Los cardenales regresaron a Roma y entraron en cónclave para elegir un nuevo papa. Rodrigo estaba presente, pero apenas. Seguía luchando contra la peste bubónica que había contraído en Ancona. El Sacro Colegio elaboró primero una lista de capitulaciones a las que debía someterse el próximo papa para ser elegido. Algunas de las estipulaciones eran que el Sacro Colegio debía limitarse a veinticuatro miembros, el papa no podía nombrar cardenal a un menor de treinta años, el papa solo podía nombrar cardenal a un sobrino, y el papa no podía entrar en ninguna alianza, declarar ninguna guerra, o disponer del territorio de la Iglesia sin el consentimiento del Colegio. Entonces eligieron a Pietro Barbo de Venecia para ser el siguiente papa. Tomó el nombre de Pablo II. Barbo había sido sobrino del papa Eugenio V y estaba relacionado con la familia Orsini. Sin embargo, Rodrigo y Barbo ya eran buenos amigos. Barbo había ayudado a Rodrigo a sacar a Pedro Luis de Roma cuando los matones de Orsini querían matarlo.

Pablo II ignoró las capitulaciones del Colegio tras su elección. Pronto educó a tres jóvenes sobrinos para que fueran cardenales. Aunque era generoso e intentó acabar con la corrupción, no era popular. Sin embargo, al igual que los papas que le precedieron, confiaba en el cardenal Borja, y este conservó una vez más su puesto de vicecanciller. El mandato de Pablo fue decepcionante; sufrió muchos reveses y derrotas. Entonces, en 1471, Pablo fue encontrado muerto en el Vaticano, posiblemente de un ataque al corazón o un derrame cerebral. Solo tenía 54 años. Se convocó de nuevo el cónclave, y esta vez eligieron al cardenal Francesco della Rovere, de 57 años, de la provincia de Liguria, en lo que hoy es la Riviera italiana. Tomó el nombre de Sixto IV.

Capítulo 3 - Sixto e Inocencio

Sixto IV es conocido sobre todo por ser el homónimo de la Capilla Sixtina, que él mismo mandó construir. El cardenal Borja desempeñó un papel esencial en la elección de Rovere y volvió a ser vicecanciller. El Sacro Colegio deseaba sobre todo un papa que pusiera fin a la agitación de los últimos días de Pablo II, y Sixto parecía una buena elección: era inteligente, culto y ciertamente piadoso. Había surgido de orígenes humildes. Sin embargo, también resultó ser despiadado hasta la brutalidad. Como papa, no se diferenció de sus predecesores y empezó a dispensar favores a sus parientes. De los hijos de sus hermanos, Giuliano fue nombrado cardenal, otro se convirtió en vicario de Senigallia y otro fue nombrado obispo. De los hijos de sus hermanas, los más notables son Pietro Riario, que fue nombrado cardenal, y su hermano Girolamo, que sorprendentemente fue nombrado capitán general del ejército papal y elevado a la nobleza. La humilde familia de Sixto se encontraba ahora en el escalón más alto de la sociedad italiana.

El Sacro Colegio no dio muestras de sentirse molesto por estas acciones, ya que se ajustaban a la tradición y Sixto también estaba resolviendo los problemas creados bajo Pablo II. Sixto arregló las cosas con el reino de Nápoles y adoptó una actitud más razonable frente a la amenaza turca. Comenzó enviando cardenales como emisarios a cada una de las potencias europeas. El anciano cardenal Bessarión fue enviado a los monarcas de Francia, Inglaterra y Borgoña. El cardenal Angelo Capranica fue enviado a los principados italianos al norte de Nápoles, y el cardenal Borja fue enviado naturalmente a España.

Durante su estancia en España, Borja visitó a sus tres hijos ilegítimos. Ayudó a calmar las tensiones entre los reinos de España y legitimó la unión de los tronos de Castilla y Aragón en una España unida mediante el matrimonio de Fernando e Isabel. Borja sería el padrino del primer hijo de la pareja. En su viaje de regreso a Roma, entre 1466 y 1472, el cardenal Borja conoció y se enamoró de Vannozza Cattanei. Ella se convertiría en la principal amante de Rodrigo, y la pareja tendría cuatro hijos: César, Juan, Lucrecia y Jofré. César nació en 1475, y el papa legitimó al niño cuando tenía cinco años, junto con su hermanastro mayor Pedro Luis. Los hijos Borja de Vannozza fueron puestos bajo el cuidado de Adriana de Mila, sobrina del primo de Rodrigo, el cardenal Luis Juan del Mila. Adriana se había casado en el seno de la poderosa familia Orsini, lo que suponía una importante conexión.

Mientras el cardenal Borja estaba ausente, Sixto se enemistó con el joven y poderoso jefe de la República florentina, Lorenzo de Médicis, por la venta de una ciudad llamada Imola. El duque Galeazzo María Sforza de Milán estaba vendiendo Imola a Lorenzo el Magnífico, pero el papa se opuso a la venta porque Imola formaba parte técnicamente de los Estados Pontificios. Ambos bandos se aliaron rápidamente y estalló la guerra. El sobrino de Sixto, Girolamo Riario, conspiró con un banquero llamado Jacopo de Pazzi y otros para asesinar a Lorenzo y a su hermano Giuliano de Médici en Florencia. La conspiración de Pazzi, como se llamaría, se convirtió en una debacle. Giuliano fue asesinado, pero Lorenzo sobrevivió con una sola herida. Los asesinos y algunos de los conspiradores fueron encontrados y rápidamente ahorcados. Girolamo Riario no fue capturado, y el papa respondió intensificando su guerra contra Florencia.

A Roma se unieron Nápoles y Milán contra Florencia, Venecia y Génova. Sixto excomulgó a Lorenzo de Médicis y prohibió a los sacerdotes de Florencia administrar los sacramentos, orden que en su mayoría ignoraron. La guerra continuaba. Entonces, en 1480, llegó al resto de Italia la noticia de que los turcos habían atacado y tomado el puerto de Otranto: los turcos habían llegado a Italia. La guerra quedó en suspenso. Lorenzo fue perdonado, y se recaudó dinero para proporcionar barcos, soldados y caballos para detener la expansión de los otomanos. Antes de que pudieran lanzar un contraataque contra los turcos, llegó a la península la noticia de que Mehmed II había muerto. Su hijo y sucesor, Bayezid II, tenía cosas más importantes que atender que una guerra en Italia, así que los turcos se retiraron.

No pasó mucho tiempo antes de que Italia se sumergiera de nuevo en la guerra. Ahora era el Ducado de Ferrara el que contaba con el apoyo de Urbino, Nápoles y Milán, mientras que el ejército papal estaba aliado con Venecia y Génova. Conocida como la guerra de Ferrara, comenzó en 1482. Las cosas se volvieron progresivamente caóticas a medida que avanzaba el tiempo. En 1484, casi toda Italia estaba consumida por la locura, especialmente en Roma. Por ejemplo, el sobrino del papa, Girolamo, había apostado su salario de soldado en una partida de dados jugada en un altar sagrado. Los Colonna luchaban en las calles contra las fuerzas de Girolamo y sus aliados Orsini. Todos, menos el papa, parecían reconocer la inutilidad de continuar la guerra, y firmaron la Paz de Bagnolo. Cuando Sixto se enteró, se indignó. Pero su enfado no duró mucho porque, al cabo de un año, murió de fiebre.

Se convocó otro cónclave. El cardenal Borja había regresado a Italia y había ocupado su lugar como vicecanciller. Era el cuarto cónclave de Borja. Tenía unos cincuenta años y había servido respetablemente en su puesto a lo largo de muchos papas. Era un candidato probable, pero no tenía suficientes votos para asegurarse la tiara papal. En su lugar, trabajó para elegir al cardenal Giovanni Battista Cibo, que fue nombrado papa y tomó el nombre de Inocencio VIII. Borja volvió a ser vicecanciller. Se ganaría el resentimiento del cardenal Giuliano della Rovere por la confianza que Inocencio depositaba en él. Los dos hijos mayores de Inocencio saquearon el tesoro del Vaticano. Para reabastecer las arcas, Inocencio vendió cargos, títulos y propiedades eclesiásticas. Entonces, en 1492, Lorenzo de Médicis, que había dirigido la República Florentina durante tantos años, murió con solo 43 años de edad. Tres meses después, murió Inocencio VII. Se convocó otro cónclave, y los resultados llevarían a la Casa de Borja a nuevas alturas y a la infamia.

El historiador italiano Francesco Guicciardini, amigo y crítico de Nicolás Maquiavelo, dijo que la elección del cardenal Rodrigo Borja al trono papal se compró con dinero, cargos, beneficios y promesas, un sentimiento del que se hicieron eco más tarde Dumas y muchos otros historiadores y escritores. En aquella época, había embajadores que escribían informes a sus países sobre sobornos en el cónclave, pero esto era habitual y a menudo se trataba de informes tendenciosos. En 1492, Italia estaba atrapada entre las naciones opuestas de Milán y Nápoles, y las primeras rondas de votaciones se dividieron según estas líneas. Solo el cardenal Borja parecía representar un candidato de compromiso sin vínculos ni con el norte ni con el sur de Italia. A pesar de haber vivido décadas en Roma, seguía siendo considerado un forastero y un catalán. En las actas eclesiásticas del cónclave del Sacro Colegio para el trascendental año de 1492 no se menciona la simonía (pagar por votos). Si bien es plausible que el cardenal Borja comprara algunos votos, es igualmente razonable creer que no tenía necesidad. Cuando las noticias de la victoria de Borja llegaron al Vaticano, los ciudadanos de Roma se alegraron. Rodrigo eligió un nuevo nombre que significaba poder supremo: Alejandro VI.

Capítulo 4 - El desafío de Alejandro

El papa Alejandro VI
https://commons.wikimedia.org/wiki/File:Pope_Alexander_Vi.jpg

«¡Soy papa! Soy papa!» gritó Alejandro VI a la multitud tras la elección. Se desconoce si este grito fue de triunfo, alegría o sorpresa. Sin embargo, la gente en las calles de Roma no permaneció completamente pacífica. Alejandro tomó medidas inmediatas para poner orden en la Ciudad Eterna. Expulsó a todos los mercenarios y ejércitos privados de la ciudad y estableció una guardia urbana. Dos de los criminales más poderosos de Roma, los hermanos del Rosso, fueron capturados y ahorcados. Otros criminales fueron arrojados a las mazmorras de la ciudad. Se nombraron nuevos jueces, hombres educados en leyes y con altos salarios para evitar la corrupción. Juzgaban a los criminales, pero también escuchaban las quejas de los civiles. Las familias poderosas, como los Orsini, perdieron sus ejércitos privados, así como el poder de conceder favores a los ciudadanos y escuchar sus peticiones. Era más eficaz acudir a los jueces que suplicar ayuda a los aristócratas. Los martes, el papa en persona estaba disponible para reunirse con los ciudadanos. Todo esto no tenía precedentes.

La coronación de Alejandro fue el típico espectáculo exagerado con estatuas vivientes de jóvenes desnudos y dorados, arcos triunfales, guirnaldas de flores y el escudo de armas de los Borja desplegado por toda la ciudad. Para sorpresa y conmoción de algunos, Alejandro trasladó a su familia a los aposentos papales del Vaticano. Aunque todo el mundo entendía que los papas anteriores tuvieran amantes e hijos, no vivían con ellos abiertamente. Algunos pensaron que se trataba simplemente de un acto de honestidad y demostraba la importancia de la familia para el nuevo papa, algo que el público italiano comprendió. El papa de sesenta años también tenía una nueva «esposa», Julia Farnesio, de dieciocho años. El público llamaba a Julia, quien sustituyó a Vannozza Cattanei, «la esposa de Cristo». La querida hija de Alejandro, Lucrecia, de doce años, desarrolló un vínculo fraternal con Julia cuando se fueron a vivir juntas.

Julia estuvo técnicamente casada con Orsino Orsini, hijo de Adriana de Mila, prima de Alejandro, pero el matrimonio fue supuestamente una farsa. Sin embargo, hay pruebas de que el matrimonio no era del todo falso. El papa advirtió a su amante que no fuera al castillo de Orsino. Cuando Julia dio a luz a una hija llamada Laura, no era seguro que Alejandro fuera el padre. El papa ignoró por completo la existencia de la niña. Alejandro estaba celoso del marido de su amante, una circunstancia indicativa de la extraña dinámica de la vida vaticana durante el Renacimiento. Julia calmó la ira del papa y lo convenció para que nombrara cardenal a su hermano, Alejandro Farnesio.

Poco después de la muerte de Inocencio VIII, su hijo, el conde Francesco Cybo, quiso vender sus propiedades al norte de Roma. Virginio Orsini se ofreció a comprarlas por cuarenta mil ducados, cantidad aportada por Piero de Médicis, hijo de Lorenzo el Magnífico. La esposa de Piero era una Orsini, y su hermana estaba casada con el conde Cybo. El problema era que las propiedades en cuestión no podían ser vendidas por Cybo, sino que eran feudos papales. En Florencia, Piero de Médicis colaboraba estrechamente con el cardenal Juliano della Rovere, cuyo odio hacia Alejandro era cada vez mayor. El vicecanciller de Alejandro, el cardenal Sforza, estaba muy preocupado por esta situación y le aconsejó que se opusiera a la venta, pero esta se llevó a cabo antes de que Alejandro pudiera reaccionar.

Alejandro se opuso públicamente a la venta y acusó a della Rovere de traición. El cardenal se atrincheró en una fortaleza de Ostia. Mientras tanto, el cardenal Ascanio Sforza había dispuesto la creación de una Liga de San Marcos con una alianza general entre Milán, Venecia, Roma, Mantua, Siena y Ferrara. Aunque los Médicis de Florencia estaban detrás de la venta de las propiedades papales, el principal enemigo de la Liga era Nápoles y el viejo rey Fernando. Este había jurado defender a della Rovere, pero se enfrentó a un abanico tan amplio de adversarios que se desesperó. Recurrió a España por sus vínculos familiares con la Corona de Aragón, ahora ocupada por el rey Fernando.

Sin embargo, esto implicaba romper el vínculo entre Fernando y su viejo amigo, el papa Alejandro. Fernando (Ferrante) aseguró a Fernando que Alejandro era un monstruo que «lleva una vida tal que es aborrecido por todos». Fernando no estaba convencido, pero las palabras de Ferrante se utilizarían más tarde para aumentar la mitología de los Borja. Sin embargo, Fernando envió emisarios a Roma para intervenir en favor de Ferrante. La realidad era que mientras Nápoles cortejaba la ayuda de España, Milán y los Sforza cortejaban a Francia. Los españoles no querían ver a Francia afianzarse en Italia. Además, Fernando envió a los emisarios a Roma para establecer los derechos de España sobre las nuevas tierras descubiertas por Cristóbal Colón. Se llegó a un acuerdo por el que Virginio Orsini pagó 25.000 ducados por la propiedad papal, pero no al conde Cybo. En su lugar, el dinero fue a parar al papa Alejandro como señor supremo. El cardenal della Rovere fue convencido para salir de su escondite y cenar con el papa. Así, la guerra se había evitado en Italia por el momento.

Los hijos de Alejandro de Vannozza también se mudaron al Vaticano, y el papa tenía grandes planes para cada uno. El mayor, César, de diecisiete años, iba a ocupar un alto cargo en la Iglesia. Ya era obispo de Pamplona, pero cuando su padre se convirtió en papa, fue nombrado arzobispo de Valencia. Aunque César ya había sido legitimado, Alejandro emitió rápidamente una bula papal legitimando a su segundo hijo mayor, Giovanni (Juan en español), de dieciséis años, y lo nombró capitán general del ejército papal. El hijo mayor de Alejandro, Pedro Luis, había sido nombrado duque de Gandía por el rey Fernando de Aragón, pero murió en 1488. Giovanni Borja se convirtió entonces en el segundo duque de Gandía, que incluía las propiedades de la familia Borja en España. El joven Giovanni se casó pronto con María Enríquez de Luna, prima hermana de los reyes Fernando e Isabel. El hijo menor, Gioffre (o Jofré), fue prometido a Sancha de Aragón, nieta ilegítima del rey Fernando de Nápoles. Este matrimonio daría a Gioffre el título de príncipe de Squillace de Nápoles, un título creado específicamente para él.

Como parte de la toma de la corona papal, Alejandro tuvo que renunciar a sus títulos anteriores. Así fue como César se convirtió en obispo de Valencia. Alejandro cedió su antiguo cargo de vicecanciller al cardenal Ascanio Sforza, que le había ayudado a conseguir la elección papal. Se desconoce si Alejandro prometió a Sforza el puesto durante el cónclave. El cardenal Sforza también recibió el palacio que Alejandro había construido como cardenal en Roma. Estos regalos tenían múltiples propósitos. Mientras Alejandro pagaba a Ascanio por su apoyo, también reforzaba el vínculo de favores y deudas entre su familia y los poderosos Sforza, que controlaban la gran ciudad de Milán.

Para reforzar aún más el vínculo, Lucrecia fue prometida a Giovanni Sforza, de veinticinco años, señor de Pesaro y conde de Cotignola. Giovanni Sforza era primo no solo del cardenal Sforza, sino también del gobernante *de facto* de Milán y hermano del cardenal, Ludovico Sforza. Ludovico, llamado el Moro bien por tener la piel oscura de un moro o en referencia a la morera de su escudo de armas, tuvo un problema en 1493. Aunque gobernaba la ciudad de Milán y las fértiles tierras que la rodeaban, carecía del título de duque. El título pertenecía a su sobrino Gian Galeazzo Sforza. Ludovico sabía que solo un monarca podía concederle el título que deseaba, así que empezó a hacer gestiones. En primer lugar, se dirigió al monarca francés, el rey Carlos VIII. Carlos era joven y tenía grandes sueños de conquista. A finales de 1493, Carlos envió un emisario a Roma pidiendo a Alejandro que bendijera su proyectada cruzada contra los turcos; sus planes incluían también la conquista del reino italiano de Nápoles, que Carlos creía que le pertenecía por derecho. Alejandro intentó disuadir al regente, pero fue en vano. A pesar de la consternación de sus experimentados consejeros, Carlos vació el tesoro de Francia para firmar tratados con sus vecinos y utilizó las joyas de la corona como garantía para obtener préstamos con los que financiar su campaña. Sabía que tendría que marchar a través de los Alpes y por el norte de Italia para atacar Nápoles. Ludovico Sforza se ofreció no solo a permitir el paso del ejército de Carlos por sus dominios, sino también barcos y hombres de armas, siempre que Carlos le cediera el ducado de Milán.

Por la misma época, Ludovico también negoció con el emperador electo del Sacro Imperio Romano Germánico, Maximiliano de Habsburgo. Maximiliano se casaría con la sobrina de Ludovico y recibiría una dote de 400.000 ducados. A cambio, Maximiliano nombraría a Ludovico duque de Milán cuando se convirtiera en emperador. En esta época, Ludovico también quería asegurar sus conexiones con Roma, por lo que prometió a su primo Giovanni Sforza, señor de Pesaro, con Lucrecia Borja. Se casaron en secreto, pero la ceremonia pública oficial se celebró en junio de 1493. Fue un espectáculo típicamente Borja, con la novia conducida al altar por su hermano y capitán general del ejército papal, Giovanni Borja. La seguían 150 hijas de conocidas familias romanas. Hubo abundante comida y bebida, y se dice que la fiesta se prolongó hasta altas horas de la noche. Como en cualquier evento de los Borja, también hubo rumores descabellados. Se dice que se regalaron chicas a todos los cardenales presentes, que arrojaron dulces a las que les parecieron más guapas. Sin embargo, otros relatos no mencionan este tipo de comportamiento. La pareja fue a consumar el matrimonio con el papa Alejandro como testigo. (Esta era una práctica común para la época). El papel de Alejandro como testigo sería importante en el futuro.

El matrimonio, si alguna vez fue cálido, se enfrió rápidamente. El novio se quejó de un «matrimonio blanco» sin sexo. Lucrecia tenía entonces solo trece años. Giovanni Sforza pronto reconoció que su presencia se estaba convirtiendo en una molestia en Roma. Se marchó abruptamente, presumiblemente olvidando llevarse consigo a su novia cuando regresó a Pesaro.

Además, el papa se distanció totalmente de los Sforza. Había indicios de que tenía más interés en una amistad con sus enemigos en Nápoles. Esto incluiría la aceptación por parte de Alejandro de los enviados de Fernando en nombre de Ferrante y la reconciliada relación con el cardenal della Rovere.

Mientras el matrimonio de Lucrecia se agriaba rápidamente, su hermano, Giovanni, viajó a España y se casó con su novia en septiembre de 1493. No pasó mucho tiempo antes de que el papa recibiera informes de que su hijo se estaba comportando mal y, en lugar de asegurar la conexión entre Fernando e Isabel, estaba tensando la relación. Se decía que, tras la boda, Giovanni se había ido de juerga bebiendo, apostando y frecuentando prostitutas. Los barceloneses se preguntaban si había tenido tiempo de consumar su matrimonio. Entonces, en mayo de 1494, Jofré Borja fue a Nápoles y se casó con Sancha. Jofré, que entonces solo tenía doce o trece años, había resultado ser un joven tranquilo y bien educado. Su esposa, en cambio, era un poco más animada.

César, mientras tanto, luchaba con el papel que su padre le había asignado. Sin haber cumplido aún los veinte años, era sin duda inteligente, ambicioso, educado en derecho canónico y civil, físicamente atractivo y encantador. Sin embargo, no tenía ningún interés en la vida eclesiástica. Se decía que se comportaba como un gran príncipe y que le gustaba la sociedad. Al igual que su padre, amaba la vida, pero no hay indicios de que se sintiera inclinado a moderar su comportamiento por su condición religiosa.

Finalmente llegó a Roma la noticia de que la esposa de Giovanni Borja estaba embarazada, una señal, quizá, de que se estaba controlando. Mientras tanto, Lucrecia se había trasladado a Pesaro con su madre para estar con su marido, y Jofré y Sancha parecían estar estableciéndose en Nápoles. Alejandro podía sentirse seguro del futuro de sus hijos, pero también tenía noticias preocupantes. El rey Fernando de Nápoles murió en enero de 1494, y todo el mundo se preguntaba a quién reconocería el papa como su sucesor. Estaba la opción obvia de Alfonso, duque de Calabria (hijo de Ferrante), o Alejandro podía optar por reconocer al rey Carlos de Francia, que planeaba invadir Nápoles a pesar de todo.

El 7 de junio de 1494, para evitar cualquier posible guerra entre España y Portugal por los nuevos descubrimientos al comienzo de lo que se llamaría la Era de los Descubrimientos, Alejandro expidió una bula papal que pasó a formar parte del Tratado de Tordesillas. Este tratado otorgaba a España todas las tierras situadas a 345 millas al oeste de las islas de Cabo Verde, mientras que todo lo situado al este iría a Portugal. Con ello se pretendía beneficiar al rey Fernando, pero involuntariamente se separó Sudamérica, lo que llevó a Brasil a convertirse en una colonia portuguesa. El tratado no incluía a ningún otro país europeo. Así pues, aunque mantuvo a España y Portugal en paz, no hizo nada para impedir que Francia, Inglaterra y los Países Bajos intentaran hacerse con parte del Nuevo Mundo.

El cardenal Giuliano della Rovere estaba ahora en Francia y había vuelto a las andadas. Carlos VIII amenazaba con deponer al papa Alejandro, seguramente a instancias de della Rovere. Sin embargo, Carlos estaba dispuesto a permitir que Alejandro conservara su trono si aceptaba a Carlos como nuevo rey de Nápoles si su campaña tenía éxito. Gran parte de Europa esperaba a ver qué decisión tomaba el papa. El 8 de abril de 1494, Alejandro reunió a los cardenales para comunicarles que había tomado una decisión. Enviaría un legado para coronar a Alfonso como rey de Nápoles, dando la espalda a Francia y Milán. El cardenal della Rovere regresó a Francia para dar la noticia. Estaba seguro de que Carlos depondría a Alejandro, y estaba seguro de a quién elegiría Carlos para ser el nuevo papa: nada menos que al cardenal que ahora tenía su oído.

Carlos entonces puso su ejército en movimiento. Tenía unos 40.000 hombres y artillería pesada móvil, algo nuevo en Italia. Al oír que Carlos estaba en movimiento, el pánico se apoderó de Italia. El duque de Ferrara, viendo la oportunidad de estar en el bando ganador, se unió a Francia y Milán. Los venecianos adoptaron una postura de neutralidad, y Bolonia también se mantuvo al margen. Carlos, sin embargo, avanzó lentamente. En junio seguía en Lyon. El ejército solo se trasladó a Vienne, una ciudad del sureste de Francia, donde permaneció tres semanas de entretenimiento.

El 14 de junio, un sorprendente grupo se reunió en la fortaleza de Vicovaro, justo al norte de Roma, para considerar formas de resistir la invasión francesa. Asistieron el papa Alejandro, el nuevo Alfonso II de Nápoles, Fabricio Colonna y Virginio Orsini. El hecho de que un Orsini y un Colonna cooperaran y no se enfrentaran entre sí es, tal vez, una prueba de la seriedad con la que se tomaban la amenaza francesa. El hijo de Alfonso, Ferrandino (Fernando), dirigiría un ejército a las tierras papales de la Romaña para detener a los franceses y proteger el flanco del ejército de Piero de Médicis. El hecho de que Florencia se pusiera ahora del lado de Roma y se opusiera a Milán demuestra también el peligro del planteamiento de Carlos. La flota de Nápoles atacaría el puerto de Génova.

En septiembre, el ejército de Carlos finalmente llegó a Italia. El ejército era tan grande e imponente que apenas tuvo que luchar. Las ciudades les abrían sus puertas por miedo. Los Colonna dieron marcha atrás en su alianza con el papa y los Orsini, y atacaron Ostia. Esto permitiría a los franceses remontar el Tíber hasta Roma.

Alfonso, temiendo que sus soldados estuvieran demasiado lejos de casa, retiró sus tropas a Nápoles, dejando a Florencia sola frente a los franceses. Desesperado, Piero de Médicis se presentó ante el rey francés en octubre, cerca del puerto de La Spezia. Piero se postró ante Carlos y le declaró su lealtad. Prometió dar a los franceses libre acceso a Florencia y entregarles el puerto de Livorno y, lo que sorprendió a los florentinos, la ciudad de Pisa. Muchos en Florencia pensaban que Pisa era esencial para la defensa y prosperidad de Florencia.

Los florentinos se levantaron furiosos contra los Médici. Las llamas fueron alimentadas por un hombre que solo había llegado a Florencia cinco años antes a petición de Lorenzo de Médicis. Su nombre era Girolamo Savonarola, un carismático sacerdote y fraile. Savonarola se pronunció no solo contra la familia Médicis, sino contra el libertinaje de todos los tiranos de Italia. El 9 de noviembre de 1494, Piero y su familia fueron expulsados de Florencia. Savonarola se encontraba en Pisa para dar la bienvenida a los franceses a la nueva República Florentina. El fraile declaró que Carlos era un libertador y un mensajero enviado por Dios. Cuando Carlos llegó a Florencia, disuadió a los ciudadanos de esta creencia; no era un libertador, sino un conquistador.

Savonarola nació en una antigua familia de Ferrara en 1452. En 1474, en un viaje a Faenza, escuchó un poderoso sermón de un monje agustino, por lo que resolvió renunciar al mundo material y comenzar una vida de servicio a la Iglesia. Inmediatamente ingresó en la orden dominica de Bolonia. Escribió contra la depravación del Renacimiento y se ganó el honor de instruir a los novicios. Escribió textos filosóficos sobre Aristóteles y santo Tomás de Aquino. En 1481 o 1482, fue enviado a Florencia. Se opuso a lo que consideraba la energía pagana de este centro de las artes y las finanzas y fue especialmente crítico con la corte de Lorenzo de Médicis. Sin embargo, fue ignorado en gran medida y sus sermones no surtieron efecto. Abandonó Florencia y continuó predicando en otras ciudades, obsesionándose con las ideas apocalípticas. En 1489 regresó a Florencia y, en agosto de 1490, predicó desde el púlpito de San Marcos sobre la llegada del Apocalipsis y el juicio de Dios sobre la maldad de Florencia.

Esta vez, los florentinos quedaron extasiados y comenzó a congregar a grandes multitudes. En 1491 fue nombrado prior del monasterio de San Marcos. En 1493, Alejandro VI aprobó la separación de los monasterios de Toscana, incluido el de San Marcos, de los de la región lombarda. Esta nueva congregación siguió a Savonarola en una vida de extrema modestia. Vivía en una pequeña celda y comía alimentos sencillos; vestía ropas simples y toscas. Sus seguidores consideraban a Savonarola un profeta. En 1493, el fraile ya denunciaba la inmoralidad de la Iglesia, incluida la del papa Alejandro. Cuando se reunió con el rey Carlos en 1494, lo convenció para que le permitiera establecer una nueva constitución para la ciudad. Cristo sería considerado oficialmente el rey de Florencia, y un gran consejo sería el órgano de gobierno. Savonarola no formaba parte del gobierno, pero sus enseñanzas e ideas eran la base de cada parte del nuevo orden.

Por su parte, a Carlos VIII no le importaba si Florencia era gobernada por los Médici, Savonarola o cualquier otro. Le interesaba sobre todo algo que Florencia tenía y que él necesitaba: dinero. Sin embargo, cuando nombró su cantidad, los funcionarios florentinos casi se rieron en su cara. Carlos necesitaba Florencia y no le interesaba retrasarse en un asedio. Aceptó 120.000 florines y siguió adelante.

Al mismo tiempo, Ludovico Sforza estaba harto de la situación en Italia. Tenía noticias de que el primo de Carlos, Luis de Orleans, se hacía llamar duque de Milán, un título que Ludovico acababa de conseguir tras años de lucha. Sforza ya se había cuestionado su decisión de invitar a Carlos a Italia. Envió a su hermano, el cardenal Ascanio Sforza, al papa Alejandro para ofrecerle una alianza. El precio de la alianza era que cualquier nuevo nombramiento en el colegio cardenalicio tendría que ser aprobado por el duque de Milán. Alejandro respondió arrestando inmediatamente a Ascanio. Alejandro quizá resumió mejor su opinión en noviembre de 1494: «El triunfo de Francia implica nada menos que la destrucción de la independencia de todos los estados de Italia». Parecía que solo él comprendía la gravedad de la situación y no estaba interesado en renunciar a su poder solo para que otro aliado lo traicionara.

Capítulo 5 - Invasión, secuelas, asesinato

En diciembre de 1494, cuando Carlos se acercaba a Roma, los Orsini, que habían prometido permanecer junto al papa hasta el amargo final, se rindieron a los invasores. El 18 de diciembre, toda la corte papal se disponía a huir cuando Alejandro decidió quedarse. El último aliado que quedaba de Roma, el hijo del rey Alfonso, Ferrandino, fue enviado lejos porque su pequeña fuerza habría sido destruida por el ejército de Carlos. No hubo forma de impedir que los franceses tomaran Roma. En enero de 1495, el rey Carlos VIII se reunió por fin con el papa Alejandro VI. Este último había abierto las puertas a los franceses simplemente porque no tenía medios para defender la ciudad. Carlos, flanqueado por el cardenal Sforza, a quien Alejandro había liberado recientemente, y el cardenal della Rovere, que sospechaba que en cualquier momento sería nombrado papa, encabezó una procesión masiva hacia la Ciudad Eterna.

El rey envió sus demandas. Alejandro tendría que entregar el Castel Sant'Angelo, donde se alojaba el papa. Además, el papa debía enviar al cardenal César Borja como rehén a Francia y entregar al príncipe turco Cem, retenido en Roma por orden de su hermano, el sultán otomano. Alejandro rechazó todas las exigencias. Mientras tanto, los soldados franceses saqueaban la ciudad. El rey y el papa iniciaron negociaciones. Alejandro finalmente aceptó entregar al príncipe Cem y enviar a César a Francia. Pero no entregaría el castillo ni reconocería a Carlos como rey de Nápoles. El papa también accedió a perdonar a los cardenales que habían actuado en su contra. Estas concesiones le costaron muy poco a Alejandro. Seguiría recibiendo los pagos del sultán por quedarse con Cem, y César podría arreglárselas solo.

En este punto, Carlos abandonó la idea de deponer a Alejandro. De hecho, cuando ambos se conocieron en persona, Carlos se arrodilló ante el papa. El encuentro fue cuidadosamente coreografiado para que Alejandro le saludara como a un hijo la tercera vez que Carlos se arrodillara. El cardenal della Rovere debió estar fuera de sí. Carlos permaneció bajo el techo de Alejandro y se presentó como el más fiel de los servidores del papa. Ambos permanecieron en mutua compañía durante días. Carlos pidió directamente ser reconocido como legítimo rey de Nápoles, pero Alejandro se negó cortésmente. Aun así, Carlos se postró y besó los pies del pontífice. Estaba claro que sus diferencias habían quedado olvidadas. El cardenal Sforza partió pronto hacia Milán. El 28 de enero, Carlos abandonó Roma, llevándose a Cem, César y al cardenal della Rovere. El ejército continuó su camino hacia la conquista de Nápoles. El rey Alfonso de Nápoles abdicó de su trono y pasó la corona a su hijo de veinticinco años, Ferrandino. Durante su avance hacia Nápoles, César escapó de sus captores y se escondió en Spoleto, vestido de mozo de cuadra. Carlos se quejó al papa, pero Alejandro afirmó estar tan sorprendido por la desaparición de César como cualquiera.

A medida que Carlos se adentraba en territorio napolitano, las ciudades se rendían o eran tomadas por la fuerza con facilidad. Con la ciudad de Nápoles en abierta revuelta, el nuevo rey Ferrandino (Fernando II) se vio obligado a reconocer lo desesperado de su situación. Pronto embarcó para reunirse con su padre en Sicilia, llevando consigo a su hermanastra Sancha y a su marido, Jofré Borja. Carlos entró triunfante en Nápoles, recibido por una multitud enfervorizada. El rey francés había conseguido hacerse con uno de los reinos más ricos de Europa sin apenas problemas. El único punto amargo fue que el prisionero trofeo de Carlos, el príncipe Cem, fue encontrado muerto pocos días después de llegar a Nápoles. Más tarde, algunos afirmarían que Alejandro había envenenado de algún modo al príncipe turco a pesar de no estar cerca de él cuando murió y de no tener ningún motivo para querer muerto a Cem. De hecho, la muerte de Cem significó la pérdida de un gran ingreso anual. Esto sería solo otra muerte para culpar a los Borja.

La luna de miel entre Carlos y el pueblo de Nápoles duró poco. El resto de Italia —y, de hecho, gran parte de Europa— empezaba a ver el problema de dejar que Francia siguiera controlando Nápoles. En marzo de 1494, un consejo de representantes de Venecia, Milán, España, el Sacro Imperio Romano Germánico e incluso la lejana Inglaterra se reunió para formar la Liga Santa con Roma. Su único objetivo era expulsar a los franceses de Italia.

Carlos siguió pidiendo al papa que lo reconociera como verdadero rey de Nápoles, pero Alejandro continuó negándose. Carlos respondió coronándose a sí mismo. En mayo, sin embargo, Carlos empezaba a ver la inutilidad de permanecer en Nápoles. Su ejército volvió entonces sobre sus pasos hacia Francia. El número de soldados era mucho menor tras seis meses de combates, enfermedades y deserciones, pero el ejército contaba ahora con unas 10.000 mulas cargadas con el tesoro que Carlos había tomado de los lugares conquistados. Cuando Carlos llegó a Roma, Alejandro estaba convenientemente fuera de la ciudad y no pudo reunirse con el rey. Cuando Carlos se retiró rápidamente, fue sorprendido por Savonarola, que estaba lleno de justa indignación. El fraile reprendió a Carlos por no limpiar Italia y le dijo que había provocado la ira de Dios. Carlos no le hizo caso y siguió adelante.

Las fuerzas de la Santa Liga no alcanzaron a los franceses hasta la batalla de Fornovo. Fue la batalla más sangrienta que se recuerda en Italia y una victoria decisiva para los franceses a pesar de las adversidades. Aun así, los italianos habían capturado las mulas cargadas de tesoros, por lo que no lo consideraron una pérdida total. Por ello, a su regreso a Francia, Carlos tenía muy poco que mostrar de su costosa expedición. El rey Ferrandino fue recibido en Nápoles con los brazos abiertos. A pesar de la momentánea sensación de victoria por haber expulsado finalmente a los franceses, este era solo el final del primer capítulo de lo que se conocería como las guerras italianas.

Teniendo todo en cuenta, el papa Alejandro VI había capeado bastante bien el temporal. No se había echado atrás ante Carlos a pesar de algunas pequeñas concesiones. No había sido depuesto y había demostrado serenidad bajo presión. Fue, tal vez, el período más difícil de su papado, y había mantenido a la Iglesia intacta y no había perdido mucho, aunque tampoco había ganado mucho. Nunca reconoció el derecho de Carlos a Nápoles, y eso resultó ser lo mejor. Alejandro podía ahora centrar su atención en otros asuntos, como su familia.

Tal vez sea tan buen momento como cualquier otro para examinar más de cerca a esta familia. Los cuatro hermanos que saltaron a la fama cuando Rodrigo Borja se convirtió en papa fueron César, Giovanni, Lucrecia y Jofré. Casi todas las fuentes concluyen que estos cuatro eran hijos de Rodrigo y su amante Vannozza. Sin embargo, hay puntos interesantes que ponen en duda esta creencia. Parte de la cuestión es la falta de documentos de la época y la costumbre de la familia Borja de utilizar repetidamente los mismos apellidos. Algunos investigadores han llegado a la conclusión de que estos cuatro y tres hermanos mayores, incluido Pedro Luis, I duque de Gandía, nacieron en España. Sabiendo que Rodrigo pasó la mayor parte de su vida en Roma, se cuestiona cómo pudo engendrar hijos en España estando en Italia. Además, apuntan a otro posible padre, Guillén Ramón Llançol y de Borja, sobrino del papa, como candidato más probable. Para este libro, seguiremos la erudición tradicional y los presentaremos como hijos de Alejandro, pero quizá sea bueno recordar que su relación podría no ser tan directa. También existen documentos, incluidas bulas papales, que indican que los niños fueron engendrados por Alejandro antes de que este se convirtiera en papa, pero algunos creen que se trata de falsificaciones destinadas a mancillar el nombre de los Borja. Sin embargo, la comunidad histórica suele considerar válidos estos documentos.

Una de las primeras cosas que hizo Alejandro tras el fin de la amenaza francesa fue llamar a Giovanni Borja para que regresara de España a Roma. Debía ocupar su puesto como capitán general del ejército papal. Giovanni, por supuesto, no tenía experiencia militar, pero esto nunca había sido un impedimento. El plan era que el ejército de Nápoles desalojara a los Orsini que aún quedaban allí. Los Orsini habían permanecido aliados con los franceses y apoyaban al escaso número de soldados que Carlos había dejado atrás. Giovanni debía tomar las posesiones de los Orsini al norte de Roma y devolverlas al control papal. Virginio Orsini fue pronto capturado en Nápoles por el famoso general español Gonsalvo (Gonzalo) de Córdoba, que apoyaba al recién restaurado ejército napolitano.

Giovanni Borja llegó a Roma y dirigió su ejército hacia el norte. Al principio, las cosas fueron bien. El ejército de Giovanni capturó todos los castillos Orsini excepto uno: el castillo de Bracciano. Este castillo estaba en manos del cuñado de Virginio, Bartolomeo d'Alviano. Sin embargo, en invierno llegó ayuda para los Orsini, un ejército liderado por el hijo ilegítimo de Virginio, Carlo. El ejército de los Orsini derrotó a las fuerzas de Giovanni e hizo que el joven duque de Gandía huyera de vuelta a Roma. Alejandro se vio obligado a abandonar la campaña. Presionado por sus aliados, liberó a los Orsini que había encarcelado, aunque Virginio había muerto en cautiverio. Los castillos fueron devueltos, y la única incursión de Giovanni en la batalla resultó en vano. Al mismo tiempo, Giovanni había conseguido ofender a muchos de sus compañeros de armas, entre ellos el general Gonsalvo y el marido de Lucrecia, Giovanni Sforza, que había aportado tropas para ayudar en la guerra.

El rey de Nápoles, Ferrandino, de veintisiete años, murió inesperadamente, posiblemente de malaria. La corona pasó a su tío, Federico, que seguía siendo amigo de Roma. Alejandro decidió enviar al cardenal César Borja para coronar al nuevo rey. Los cardenales más antiguos estaban, comprensiblemente, disgustados por esta decisión. Además, para sorpresa de muchos, Alejandro otorgó a Giovanni, conocido por sus fracasos militares y su mala actitud, el ducado de Benevento, un feudo papal al norte de Nápoles con un gran palacio y fortificaciones. Giovanni también consiguió enzarzarse en una violenta disputa con el cardenal Ascanio Sforza en la que sus criados se mataban por las calles. Sin embargo, lo que vino después fue ciertamente una sorpresa y un misterio.

La noche del 14 de junio de 1497, Vannozza celebró una fiesta de despedida para su hijo César, que pronto partiría hacia Nápoles. Giovanni asistió acompañado de un hombre que ocultaba su rostro tras una máscara. Se trataba de una práctica habitual en la época en Italia. Sin embargo, parece que nadie en la fiesta conocía la identidad del enmascarado. Cuando todo el mundo se iba a casa, Giovanni y el enmascarado se marcharon, montados en la misma mula y con un criado caminando a su lado. Al cabo de un rato, Giovanni envió al criado a su casa. Después de un día y una noche sin que nadie viera a Giovanni, el papa envió partidas de búsqueda. Pronto encontraron la mula del duque con los arreos torcidos. Luego encontraron al criado, que estaba herido, pero no pudo proporcionar información útil. Finalmente, un vigilante esloveno dijo a los investigadores que la noche en cuestión había visto a cinco hombres arrojar un cadáver, cargado de piedras, al río Tíber. Cuando le preguntaron por qué no había informado de ello a sus superiores, respondió que había visto arrojar muchos cadáveres al Tíber, pero que a nadie parecía importarle hasta ahora. Dragaron el río y pronto encontraron el cadáver del duque con nueve profundas puñaladas, aún vestido para la fiesta de su hermano. No era un robo, ya que uno de sus bolsillos contenía un gran monedero lleno de oro.

En el caso del asesinato de Giovanni Borja, el problema era que había demasiados sospechosos. Ascanio Sforza o Giovanni Sforza eran posibilidades, aunque ninguno de los dos estaba en Roma entonces. Lo más probable era que alguien hubiera contratado a una banda de matones para que cometieran el asesinato por ellos. El duque de Urbino había sido el segundo al mando de Giovanni y culpaba al joven Borja de su derrota ante los Orsini. También estaban los padres, hermanos y maridos de todas las mujeres con las que Giovanni se había acostado en su corta vida. Incluso hay que tener en cuenta al hermano menor de Giovanni, Jofré, porque se sabía que una de las amantes de Giovanni era en realidad la esposa de Jofré, Sancha. Esta misma esposa, se decía, también se acostaba con el cardenal César. Además, estaban los Orsini, que eran muchos en Roma. Todos guardaban rencor al joven advenedizo que tantos problemas les había causado y que había colaborado en lo que creían el asesinato de Virginio Orsini sin afrontar el castigo por sus transgresiones.

El descubrimiento del cadáver conmocionó a Alejandro. Se retiró de la escena pública durante días y guardó un profundo luto. Cuando salió de su reclusión, anunció que todos los sospechosos eran inocentes, excepto los Orsini. De ellos no dijo ni una palabra, y la implicación parece obvia: los culpaba del asesinato de su hijo, pero de momento no podía hacer nada al respecto. Con esto dio por concluida la investigación. Aunque nadie parece haberlo mencionado en ese momento, el principal sospechoso sería más tarde César Borja. El hermano mayor de los Borja podía ser ciertamente cruel. Había dirigido un ataque contra mercenarios suizos durante la invasión francesa; había matado a varios y había despojado al resto de todas sus posesiones. Aun así, el problema con César como sospechoso es que tenía poco que ganar asesinando a su hermano menor. A Giovanni le sobrevivió un hijo, Juan de Borja y Enríquez de Luna, que se convirtió en el III duque de Gandía y heredó las propiedades de su padre en Italia a la muerte de Giovanni. Muy poco cambió para César cuando Giovanni fue asesinado. César seguía siendo un cardenal ciertamente desubicado y joven, pero habría tenido pocos motivos para pensar que la muerte de Giovanni podría sacarlo de su profesión actual. Aun así, cabe señalar que la viuda de Giovanni, María Enríquez, llegó a sospechar de César como autor de la muerte de su marido. El caso, como suele decirse, sigue sin resolverse.

César se marchó pronto a Nápoles, Giovanni fue enterrado y Jofré fue enviado de vuelta a Nápoles. Lucrecia, sin embargo, fue secuestrada en el convento de San Sixto, a las afueras de Roma. Un tribunal eclesiástico estaba determinando si su matrimonio con Giovanni Sforza podía ser anulado como deseaba el papa. Como ya se ha dicho, el matrimonio parecía infeliz. Lucrecia era aún muy joven, y parece que no apreciaba mucho a su marido. Sin embargo, esto habría importado poco en ese momento. La verdadera cuestión era que la alianza con los Sforza ya no era necesaria. Alejandro podía ver otros matrimonios beneficiosos para su hija. Con la amistad del papa en Nápoles completamente restablecida, no necesitaba contrapesar una alianza con Milán. Giovanni Sforza pareció reconocer que ya no era necesario y, en la primavera de 1497, abandonó Roma en secreto.

Los rumores llegaron rápido y se esparcieron por todas partes durante el periodo cercano a la muerte de Giovanni. Alejandro y la bella y joven Lucrecia eran agasajados por sementales que montaban yeguas, insinuando un comportamiento inapropiado entre padre e hija. César utilizaba a criminales convictos para prácticas de tiro delante de su hermana. Se dice que a un escritor satírico que se burló de César le cortaron la lengua y se la clavaron en la mano. Un rumor verosímil es que Lucrecia mantuvo un romance con un hombre llamado Pedro Calderón, también llamado Perotto. Se dice que cuando Alejandro o César descubrieron la aventura, la enviaron a vivir a San Sixto. Poco después, el cuerpo de Perotto fue sacado del río Tíber, junto con el de una de las asistentes de Lucrecia, Pantasilea. Se creía que, o bien Perotto tenía también una aventura con Pantasilea, o bien la joven fue silenciada porque sabía demasiado. Estas muertes también se achacaron a César, de quien se creía que protegía en exceso a su hermana menor. Esto llevaría a los propagadores de rumores de Roma a afirmar que existían relaciones incestuosas entre ambos.

El 6 de agosto de 1497, César Borja coronó al rey Federico de Nápoles en Capua. Viajó con el rey a la capital y permaneció allí algún tiempo. Más tarde se supo que César habló con el rey sobre una propuesta del papa o, tal vez, del propio César. El plan consistía en despojar a César de sus hábitos cardenalicios y dejarlo libre para casarse con Carlota, la hija de Federico. Esto sacaría a César del trabajo que odiaba y lo pondría en la línea de herencia para la corona de Nápoles.

Era audaz, por decir lo menos. Federico escribió una carta al papa Alejandro en la que le decía que el hijo de un papa que además era cardenal no era el candidato ideal para casarse con su hija. Carlota, una princesa de carácter fuerte, tampoco estaba interesada en César. A César no pareció afectarle mucho, ya que disfrutó plenamente de los placeres de la ciudad y acabó contrayendo la «enfermedad francesa», es decir, sífilis. El rey Federico sí concedió casar a su sobrino, Alfonso, duque de Bisceglie, con Lucrecia. El único problema era que había que anular el matrimonio de Lucrecia con Giovanni Sforza.

El tribunal encargado de ello tenía dificultades. Al principio, Alejandro alegó que el matrimonio de los Sforza era inválido porque nunca se habían revocado unos esponsales anteriores, pero el tribunal se opuso a este razonamiento. Alejandro podría haber anulado el matrimonio con una bula papal, pero no quería que los posibles pretendientes se asustaran por la posibilidad de que la anulación pudiera ser revocada. Necesitaba una ruptura legal y limpia. El principal problema en la corte era el por lo demás razonable cardenal Pallavicino, que parecía decidido a detener la anulación. Esto podría deberse a que estaba emparentado con los Sforza.

A continuación, Alejandro alegó que el matrimonio nunca se había consumado porque el novio era impotente. Ayudó que Alejandro hubiera presenciado aquella primera noche de bodas y afirmara que no había pasado nada. Giovanni Sforza, comprensiblemente, se sintió muy ofendido por esta acusación. Afirmó que se había acostado con Lucrecia muchas veces, pero que el papa simplemente quería a Lucrecia para él solo. Alejandro se dirigió al cardenal Sforza, quien, junto con su hermano, el duque de Milán, presionó a Giovanni para que firmara un documento que confirmaba que el matrimonio no se había consumado porque era impotente. Giovanni firmó a regañadientes. Ahora Lucrecia podía casarse de nuevo, y el documento verificaba que era virgen. Por eso resulta sorprendente que el embajador de Ferrarese escribiera a su país informando de que, mientras Lucrecia estaba en San Sixto, había dado a luz a un niño. La identidad del padre se convirtió entonces en fuente de especulaciones. Algunos decían que era el difunto amante Perotto, su hermano César o incluso el propio papa. Sin embargo, no hay pruebas claras de que tuviera un hijo, solo más rumores.

En la primavera de 1498, nació un niño en la familia Borja. El niño era varón y sería llamado *Infans Romanus*, o el «niño romano». Con el tiempo se le daría el nombre de Giovanni Borja y viviría en la casa de los

Borja en Roma. Este niño podría haber sido de Lucrecia, aunque nunca se reconoció, y no hay pruebas claras que apoyen esta teoría. Cuando Giovanni era aún muy pequeño, el papa emitió una bula en la que afirmaba que era hijo de César Borja y una mujer soltera. Más tarde emitió otra bula que parecía corregir la primera; afirmaba que él, Alejandro, era el padre, y que la madre era una mujer romana desconocida. La madre podría haber sido su amante Julia. Más tarde, Lucrecia lo llamó su hermanastro menor, lo que encajaría con la idea de que Giovanni era hijo de Alejandro.

Cuando nació el niño, el divorcio de Lucrecia ya era definitivo y se había hecho público. Hubo un acto público para difundir la noticia del divorcio, y allí Lucrecia pronunció un discurso en latín de tal elocuencia que el embajador milanés la comparó con Cicerón. Meses más tarde se casaría con Alfonso, duque de Bisceglie. Ambos tenían solo diecisiete años.

Capítulo 6 - El ascenso de César

Girolamo Savonarola
https://commons.wikimedia.org/wiki/File:Girolamo_Savonarola.jpg

Mientras el rey Carlos de Francia se retiraba de Italia y Giovanni Borja era asesinado en Roma, los sermones de Savonarola solo habían aumentado en veneno hacia la Iglesia y el papa. Se burlaba abiertamente del papa Alejandro y afirmaba que ninguna autoridad, salvo Dios, podía compelerlo. (Estas ideas inspirarían más tarde a Martín Lutero, que era solo un niño en Alemania cuando Savonarola predicaba a las multitudes de Florencia). Alejandro solicitó la presencia del fraile en Roma, donde podría explicar sus acciones, pero Savonarola ignoró la citación. Dijo al pueblo de Florencia que la Iglesia era una prostituta, más baja que una bestia y un monstruo abominable. Finalmente, incluso el consejo de Florencia sintió que había ido demasiado lejos e intentó silenciarlo, pero también fueron ignorados. Continuó con sus «hogueras de las vanidades», en las que se quemaban ropas, joyas, arte y libros por ser perversos e impíos.

En junio de 1497, Alejandro dictó públicamente una orden por la que excomulgaba a Savonarola y le ordenaba que dejara de oficiar misa en público. El fraile acató la norma durante varios meses, pero el día de Navidad ofició misa tres veces. A principios de 1498, Savonarola volvió a predicar en la catedral de Florencia. Alejandro no hizo nada. Podría haber enviado tropas para capturar al monje o tal vez a un espía para asesinarlo, pero el papa no hizo absolutamente nada. Resultó que no necesitaba hacer nada: Savonarola estaba en camino a su propia destrucción. Todo comenzó cuando un monje franciscano desafió a Savonarola a una prueba de fuego. La idea era que ambos hombres serían quemados en la hoguera, y verían a quién favorecía Dios. Savonarola no aceptó, pero permitió que uno de sus seguidores ocupara su lugar. El 7 de abril de 1498, miles de personas se reunieron para ver si el sustituto sería quemado vivo o se salvaría por un milagro. Savonarola pronunció un largo y pesado discurso que no impresionó a nadie. Cuando se encendieron las llamas, una lluvia primaveral las apagó rápidamente. La multitud se sintió decepcionada y se dispersó, con la sensación de no haber podido ver ninguna de las dos atracciones potenciales. Savonarola no tardó en ser juzgado. Bajo tortura, confesó que sus profecías eran falsas y que no era un mensajero de Dios. Su reputación quedó totalmente destruida. No tardaron en ahorcarlo a él y a dos de sus colaboradores más cercanos. Su cuerpo fue quemado y sus cenizas esparcidas por el río Arno. Alejandro apenas había movido un dedo, pero uno de sus mayores críticos había sido silenciado para siempre.

El mismo día de la prueba de fuego en Florencia, Carlos VIII de Francia murió tras golpearse la cabeza y caer en coma. Como Carlos no tenía ningún hijo superviviente, la corona pasó a su primo Luis, duque de Orleans, el mismo primo que se había hecho llamar duque de Milán durante la invasión de Carlos. Este nuevo rey, Luis XII, fundó la Casa de Valois-Orleans, y no tardó en reclamar no solo Milán, sino también Nápoles. Cabía esperar que el papa Alejandro adoptara la misma postura que había adoptado contra Carlos, pero las realidades políticas habían cambiado. El papa tenía algo que Luis deseaba: la autoridad para conceder el divorcio al nuevo rey. Luis estaba casado con su prima Juana de Francia. Era un matrimonio sin hijos, y Luis quería salir de él. Un nuevo matrimonio, con suerte, produciría un heredero, pero Luis tenía otra motivación: quería casarse con la viuda de Carlos, Ana de Bretaña. Al casarse con Ana, Luis se aseguraría de que Bretaña siguiera formando parte de Francia. Con el consejo de su hijo César, Alejandro comenzó a sopesar sus opciones. Francia era el reino más rico y poderoso de Europa y tenía mucho que ofrecer a la ambiciosa Casa de Borja.

En julio de 1498, Lucrecia se casó en Roma con Alfonso, duque de Bisceglie. Parte del acuerdo matrimonial consistía en que Lucrecia permanecería en Roma mientras viviera su padre. Las Casas de Borja y Aragón, que se vincularon por primera vez cuando Alonso de Borja se convirtió en secretario del rey Alfonso V de Aragón, estaban ahora unidas por matrimonio a través de los matrimonios de Jofré y Lucrecia. A pesar de lo que podría suponer para sus alianzas en Italia, especialmente con Nápoles y Milán, Alejandro decidió ayudar a Luis a escapar de su matrimonio. Quería hacerlo según la letra de la ley, por lo que estableció un tribunal para escuchar el caso del rey. A cambio del fin del matrimonio de Luis, Alejandro tenía algunas peticiones, principalmente en relación con su hijo César. Las negociaciones comenzaron en serio.

Finalmente, se acordó que si Alejandro conseguía el divorcio, César sería nombrado duque de Valentinois y recibiría el señorío de dos condados franceses, un subsidio real, el mando de mil tropas montadas mantenidas por la corona francesa, el señorío de Asti (una vez que los franceses tomaran Milán) y la admisión en la exclusiva Orden de San Miguel. Alejandro parecía ser ahora quien alentaba una invasión francesa. Era un cambio radical respecto a su actitud hacia Carlos, y muchos de sus aliados se alarmaron. Los principales obstáculos para completar este acuerdo eran la anulación del matrimonio del rey y que César dejara de ser cardenal.

El 14 de agosto de 1498, uno de estos obstáculos sería superado. César compareció ante el papa y los cardenales, pidiendo renunciar a su cargo de cardenal. Esto no tenía precedentes, pero ninguna ley decía que fuera imposible. Nunca había sido ordenado sacerdote, por lo que no rompería ningún juramento. El Sacro Colegio lo dejó en manos del papa, que aceptó la dimisión de César. Este último renunciaría a un salario de unos 35.000 ducados, dejando un puesto codiciado y venerado por una apuesta colosal. Era típico de aquel joven impetuoso cuyas ambiciones no tenían límites.

La noticia del acuerdo de Alejandro con los franceses se hizo de dominio público. Los reyes Fernando e Isabel lo consideraron una traición. Aumentó la brecha entre los Borja y los Sforza, que criticaron a Alejandro por invitar a los franceses a Italia. Este replicó que Ludovico Sforza había sido quien los había invitado la última vez. Los Orsini y los Colonna detuvieron su rivalidad y se aliaron con Milán, al igual que Nápoles, haciendo caso omiso de las dos alianzas matrimoniales con los Borja. España amenazó con convocar un concilio para derrocar a Alejandro. Sin embargo, el papa no se inmutó.

César debía viajar a Francia y presentarse al rey. Supuestamente compró todas las sedas de Roma para equipar a su séquito. Llevaba consigo varios tesoros para regalar. Además, el papa le dio 200.000 ducados para gastar en Francia y en la corte francesa. De este modo, César podría presentarse como un príncipe europeo y no solo impresionar a Luis. César aún tenía sus ojos puestos en Carlota, la hija del rey de Nápoles que vivía en la corte francesa.

Cabe señalar que, para reunir el dinero que entregaría a César, Alejandro tomó medidas drásticas. El tesoro papal no podía permitirse semejante gasto, por lo que Alejandro ordenó que se confiscaran todos los bienes y propiedades de los judíos en Roma. También acusó al obispo de Calahorra, un judío converso, de ser marrano o solo fingir ser converso. Alejandro confiscó las posesiones del obispo y lo arrojó a un calabozo. Era un medio rastrero de conseguir dinero, pero la opinión pública en general consideraba que Alejandro había sido demasiado amable con los refugiados judíos de España e incluso lo había acusado de ser marrano. Esto ayudó a rebajar esas acusaciones y a equipar a César para su viaje.

César no tardó en llegar a Francia y se encontró con que los estilos habían cambiado. La gente de la corte francesa se reía a sus espaldas de sus ostentosas muestras de riqueza. La moda en Francia era más moderada. César captó la indirecta y, a partir de entonces, solo vestiría de negro y llevaría al cuello la cadena de la Orden de San Miguel. Sin embargo, Luis se encariñó con el joven y le dio la bienvenida. César tenía lo que el rey quería: una dispensa del papa anulando el matrimonio del rey. El primer tribunal no aceptó el divorcio, pero Alejandro arregló las cosas para que Luis obtuviera lo que quería. En la corte francesa, César conoció por fin a Carlota, y aunque Luis alentó la unión, no la forzó. Por desgracia, Carlota estaba enamorada de Guy, conde de Laval. Aun así, César pudo consolarse con los numerosos títulos y subsidios que obtuvo. Aunque había renunciado a un sueldo de 35.000 ducados como cardenal, ahora tenía un salario de 52.000 ducados como duque. Era joven y apuesto, a pesar de los ocasionales brotes de sífilis. El rey no tardó en encontrar una sustituta para Carlota: Carlota d'Albret, de diecinueve años, emparentada con Ana de Bretaña. César y Alejandro aceptaron el matrimonio. En primer lugar, el rey Luis se casó con Ana para que César formara parte de la familia real.

Por aquel entonces, Alfonso, el marido de Lucrecia, huyó repentinamente de Roma, alegando que temía por su vida. Lucrecia estaba angustiada; estaba embarazada de seis meses y todo parecía indicar que amaba y quería a su marido. Él ni siquiera le había dicho que se marchaba. Pocas semanas después, la esposa de Jofré, Sancha, huyó y regresó a Nápoles sin él. Alejandro envió a sus dos hijos menores a la ciudad papal de Spoleto y nombró gobernadora a Lucrecia, asegurándose de que tuvieran dinero. La razón de las repentinas partidas fue que Nápoles ya no se sentía segura con Alfonso y Sancha en Roma, puesto que el papa se estaba alineando ahora con su viejo enemigo Francia.

El 12 de mayo de 1499, César y Carlota se casaron en los aposentos de la reina. Poco después, Luis XII envió las primeras tropas a los Alpes. Su primer objetivo era tomar Milán.

En este momento podría ser beneficioso echar un vistazo a lo que estaba sucediendo en el resto del mundo a principios de 1499. Florencia, donde Savonarola había sido ejecutado, continuaba con su república. Un desconocido secretario de treinta años llamado Niccolò de Machiavelli acababa de asumir el cargo de jefe de la segunda cancillería y era el consejero oficioso del jefe del gobierno de la ciudad-estado, Piero Soderini. Leonardo da Vinci estaba en Milán trabajando para Ludovico el Moro Sforza en *La Última Cena* y en una enorme estatua ecuestre llamada *Gran Cavallo*, que nunca llegaría a construirse. Cristóbal Colón realiza su tercer viaje al Nuevo Mundo, al primer asentamiento permanente europeo, Santo Domingo. Los venecianos y los turcos proseguían su larga guerra. Enrique VII de la Casa de Tudor comenzaba su decimocuarto año en el trono inglés y había dispuesto que su primer hijo, Arturo, se casara con Catalina de Aragón, la hija menor de Fernando e Isabel de España.

En febrero de 1499, Luis llegó a un acuerdo con Venecia para repartirse el ducado de Milán. Esta alianza dejó a Milán prácticamente desamparada. En ese momento, la alianza de los Borja con Francia parecía un intento de preservación. Tal vez Alejandro o César vieran en Luis no solo un medio para conseguir riqueza y poder, sino también una fuerza imparable que hacía que sus planes tuvieran que ver tanto con la supervivencia como con la ambición. Sin embargo, Alejandro no estaba poniendo todos los huevos en la cesta francesa. Fernando e Isabel se habían vuelto contra Alejandro y contaban con el apoyo de Portugal y del Sacro Imperio Romano Germánico. Alejandro esperaba disipar algunas de las preocupaciones españolas sobre sus recientes acciones. En parte, envió a Lucrecia y a su hermano menor a Spoleto para demostrar que los Borja no dirigían Roma. Alejandro pidió al rey Federico de Nápoles que enviara de vuelta a Alfonso, el marido de Lucrecia, y Alfonso se reunió con su esposa una vez que estuvo a salvo fuera de Roma. Lucrecia parecía estar disfrutando de su papel como gobernadora de Spoleto y estaba haciendo tan buen trabajo que Alejandro le dio otra ciudad para gobernar. Es revelador que fuera Lucrecia y no su hermano Jofré, más joven e imprevisible.

El rey Luis siguió a su ejército hacia el sur. Se le unió el cardenal della Rovere, que parecía haber aceptado su posición y la nueva alianza de los Borja con Francia. También se unió a Luis el recién casado César Borja, que en ese momento era a menudo llamado duque Valentino. Cruzaron los Alpes y conquistaron Milán con facilidad. Ludovico Sforza había partido hacia los Alpes con sus dos hijos pequeños, su hermano, el cardenal Ascanio, y una gran cantidad de oro y joyas (Leonardo da Vinci, preocupado por su seguridad, abandonó Milán en dirección a Florencia). El rey Luis entró finalmente en la ciudad en octubre de 1499.

Mientras Luis contemplaba su siguiente paso, Alejandro y César recibieron un gran número de soldados para utilizarlos a su antojo. Alejandro pronto emitió una bula papal que depuso y excomulgó a algunas de las familias más importantes del norte de Italia, todas dentro del distrito papal conocido como la Romaña. Las diversas familias que habían gobernado las ciudades y regiones durante años (en algunos casos, siglos) serían sustituidas por un solo hombre: César Borja. La ambición de César era nada menos que el control de un estado que rivalizara con Florencia, Milán o Venecia. Las familias, sin embargo, no renunciarían a sus ciudades de buena gana. César tendría que llevar sus fuerzas contra las familias y conquistarlas una a una, y disponía de sus tropas por un tiempo limitado.

César dirigió un ejército de 1.800 soldados de caballería y 4.000 de infantería, muchos de ellos mercenarios prestados por el rey Luis. Sus primeros objetivos fueron las ciudades de Imola y Forlì, controladas por Catalina Sforza, sobrina de Ludovico Sforza y temida señora de la guerra por derecho propio. Sin embargo, Caterina estaba en Forlì cuando César descendió sobre Imola, y tomó la ciudad fácilmente. A continuación se dirigió a Forlì. Los ciudadanos les dieron la bienvenida a la ciudad, pero Caterina había tomado una posición en la fortaleza de la ciudad. Después de semanas de bombardeos, las fuerzas de César se abrieron paso y capturaron a Catalina. Se dirigía a Pesaro, donde vivía Giovanni Sforza, el ex marido de su hermana pequeña, cuando llegaron unos mensajeros para que los mercenarios regresaran a Milán.

Mientras tanto, Ludovico Sforza utilizó el tesoro que se había llevado para contratar mercenarios suizos que le ayudaran a recuperar Pesaro. Pero la reconquista de los Sforza no duró mucho. Los mercenarios suizos que Sforza había contratado se negaron a luchar contra los mercenarios suizos bajo el control de Luis. Ludovico Sforza y su hermano, el cardenal Ascanio Sforza, pronto fueron capturados y enviados a Francia. Ludovico el Moro nunca regresaría a Milán.

A pesar del abrupto final de la campaña de César, este regresó a Roma triunfante, como un antiguo emperador que vuelve de una conquista. El papa le concedió la Rosa de Oro, un antiguo honor reservado a la realeza. César también fue nombrado vicario, o gobernador, de Imola y Forlì. Caterina Sforza fue mantenida como prisionera, y cuenta la leyenda que el estrés de perder su dominio hizo que su pelo se volviera blanco.

Corría el verano de 1500. Lucrecia y su marido, Alfonso, habían regresado a Roma. Lucrecia dio a luz a un hijo llamado Rodrigo, en honor a su abuelo. Llegó a Roma la noticia de que la esposa de César estaba embarazada, y aunque Luis quería que César regresara a Francia para poder ver a su mujer y a su hijo, César no mostró ninguna inclinación. Se acostó con una famosa cortesana, una florentina llamada Fiammetta, quien se enamoró perdidamente del joven duque.

César también se preparó para su próxima campaña en Romaña. Parte de su ejercicio consistía en corridas de toros regulares celebradas frente a la Basílica de San Pedro, con el papa Alejandro a menudo mirando desde un balcón. El 24 de junio, por ejemplo, César mató siete toros y cortó la cabeza de uno de un solo golpe. No se trataba de las corridas coreografiadas de los tiempos modernos, sino de un deporte más bárbaro en el que el hombre montaba a caballo con una lanza. Los cuernos del toro no estaban desafilados, sino que conservaban sus puntas mortales.

Alejandro estaba ocupado recaudando fondos para otra cruzada contra los turcos. Parte del dinero que obtuvo fue directamente a Hungría para ayudar a los príncipes de ese país a rechazar a los invasores. Un soldado español, don Miguel de Corella, era amigo de César desde hacía mucho tiempo, pero recientemente se había convertido en uno de sus comandantes de mayor confianza junto con otro español llamado Ramiro de Lorca.

En algún momento a principios del verano, los Borja podrían haber empezado a considerar al marido de Lucrecia como una conexión incómoda. Luis se preparaba para invadir Nápoles, de donde era oriundo Alfonso, y Alejandro estaba trabajando para crear la paz entre España y Francia proponiendo que cada una se quedara con la mitad de Nápoles, ya que ambas familias reales tenían derechos sobre el rico reino. No sabemos con certeza si alguien pensaba así, pero a juzgar por lo que ocurrió después, parece una posibilidad real.

La noche del 15 de julio, Alfonso salía del palacio papal después de cenar cuando una banda de cuatro hombres enmascarados lo atacó. Se enfrentó a ellos y los ahuyentaron, pero Alfonso resultó gravemente herido. Sufrió varias cuchilladas, una de ellas en la cabeza. Alejandro lo trasladó a la recién construida Torre Borja, donde fue atendido por los mejores médicos y vigilado día y noche. Lucrecia y su hermana Sancha fueron sus constantes compañeras de cama. Durante las cinco semanas siguientes, recuperó gradualmente la salud. Muchos pensaron que el autor del atentado no era otro que César Borja. Cuando se le preguntó si lo había hecho, César declaró que no, pero que habría sido merecido si lo hubiera hecho.

Entonces, el 18 de agosto, o bien Alfonso estaba momentáneamente solo cuando un grupo de hombres irrumpió en su habitación, o bien un grupo de hombres irrumpió en su habitación y obligó a Lucrecia y Sancha a salir. En cualquier caso, cuando las chicas pudieron finalmente entrar en la habitación, Alfonso estaba muerto. Se sabe que murió estrangulado y que el asesino fue don Miguel de Corella, segundo de César. Parece que no se sugirieron otras teorías; casi todo el mundo en Roma estaba seguro de lo que había sucedido e igualmente seguro de quién lo había ordenado todo: el elegante e impredecible duque Borja. Sin embargo, quedaban interrogantes.

Si los Borja —Alejandro, César o ambos— querían cortar los lazos con Nápoles, ¿por qué la esposa de Jofré, Sancha, no corrió la misma suerte que su hermano? ¿Fue porque era mujer y, por tanto, se la consideraba una amenaza menor? ¿Fue por el nacimiento de Rodrigo? Tal vez los Borja no querían que uno de los suyos fuera llevado a Nápoles por un padre sospechoso. Se cuenta que durante la recuperación de Alfonso, este había visto a César paseando por el jardín bajo los aposentos papales y le había disparado con una ballesta. La saeta apenas dio en el blanco. Algunos dirían que el asesinato de Alfonso fue una venganza por este acto, pero el asesinato parece más calculado que eso. Uno podría preguntarse por qué César ordenaría a su segundo al mando llevar a cabo un asesinato tan públicamente. Ciertamente, hay razones para cuestionar la lógica que se esconde tras un acto así. Sin embargo, puede que César quisiera que el mundo supiera lo despiadado que podía ser cuando era necesario, y así mantener a sus amigos y enemigos temerosos de traicionarlo.

Pero si César era sin duda el asesino de Alfonso, ¿cómo podía Lucrecia permanecer tan cerca de su hermano, habiendo asesinado a un marido al que obviamente amaba? Aquí, la extrema cercanía entre César y Lucrecia se hace más evidente y plantea más preguntas que son imposibles de responder sin más detalles sobre su relación. Sea como fuere, Lucrecia fue enviada a su castillo de Nepi. También hay que tener en cuenta la relación entre Alejandro y César tras el asesinato de Alfonso. Alejandro no era de los que mostraban sus cartas y normalmente mantenía sus transgresiones en secreto. Sin embargo, César parece haber cometido un crimen atroz y haberse salido con la suya. No se investigó el asesinato de Alfonso. Como escribió el embajador veneciano: «El papa ama y teme a su hijo».

Capítulo 7 - La segunda campaña de César

César Borja
https://commons.wikimedia.org/wiki/File:César_Borgia,_Duke_of_Valentinois.jpg

Puede que Alejandro VI no fuera el único que desconfiaba de lo que César haría a continuación. Venecia concedió a César el título honorífico de *gentilumo di Venezi*, una medida que dejaba claro que la ciudad no le impediría tomar los protectorados venecianos de Pesaro, Rímini o Faenza mientras planeaba su siguiente campaña, o *impresa*.

César contaba ahora con un ejército de unos 7.700 soldados suizos, italianos y españoles. Entre los comandantes se encontraban tres hermanos Orsini, Gian Paolo Baglioni de Perugia y el infame don Miguel de Corella. Aunque el tiempo apremiaba, César se detuvo en Nepi para ver a su hermana. Se desconoce lo que ocurrió en esta visita, pero Lucrecia cambió notablemente y pasó de ser una esposa sumida en el luto a ser la de siempre. Finalmente regresaría a Roma y viviría en el Vaticano con su padre. El ejército de César recibió 2.200 refuerzos franceses mientras se encontraba en Nepi.

César cruzó entonces los Apeninos, pero su objetivo seguía siendo un misterio para todos excepto para él y quizás para el papa. En este punto, no está claro hasta qué punto las acciones de César estaban dirigidas por el plan de Alejandro y hasta qué punto eran estrategias propias de César. El 27 de octubre de 1500, César entró triunfalmente en Pesaro sin luchar. El señor de Pesaro, Giovanni Sforza, era también el ex marido de Lucrecia. Sabiendo que César estaba en camino con una fuerza tan grande, Giovanni huyó de la ciudad. César se dirigió entonces a Rímini, hogar de la tristemente célebre familia Malatesta. El gobernante en ese momento era un matón llamado Pandolfo Malatesta, que también huyó antes que enfrentarse a las fuerzas superiores de César. En aquella época, César mandaba uno de los mayores ejércitos de Italia. Cesena también había sido gobernada por Malatesta, por lo que también se rindió voluntariamente, pero Faenza decidió resistir.

Esta ciudad estaba gobernada por los Manfredi, que gozaban de buena reputación. El gobernante en ejercicio, Astorre III Manfredi, sólo tenía quince años, pero la ciudad lo apoyaba. César llegó el 17 de noviembre y, tras un fallido ataque por sorpresa, decidió intentar someter a la ciudad por hambre. Sin embargo, las fuertes nevadas y heladas obligaron a César a retirarse a Forlì, donde sus tropas establecieron un campamento de invierno. Comenzaron a aparecer desavenencias entre las fuerzas de César, sobre todo entre los soldados italianos y los españoles. César tuvo que mantener separadas a estas dos secciones durante el invierno.

Justo antes de que César atacara Faenza, su padre había logrado algo que muchos creían imposible. Había elaborado un acuerdo secreto entre España y Francia llamado Tratado de Granada, que dividiría Nápoles una vez que sus fuerzas combinadas tomaran el reino. Luis se quedaría con la parte norte, incluida la ciudad de Nápoles, mientras que Fernando se quedaría con el sur, incluidas las regiones de Terra di Bari y Terra di Otranto.

César se traslada a Cesena, que concibe como la nueva capital de la Romaña. Allí pasó las Navidades en el palacio Malatesta. César viajaba a los pueblos del campo y competía con los lugareños en carreras a pie, asombrando a los aldeanos con proezas de fuerza, como romper herraduras con sus propias manos. Alejandro, mientras tanto, había estado recaudando fondos para su cruzada turca. Envió legados a España, Portugal, Francia, los estados alemanes, Dinamarca y Suecia. El famoso general Gonsalvo llegó a Venecia con 56 barcos para unirse a la poderosa armada veneciana. En diciembre, la flota veneciano-española había expulsado a los turcos de la estratégicamente importante isla de Cefalonia. Gonsalvo llegaría a ser conocido como «el Gran Capitán» por sus impresionantes hazañas. Alejandro tenía ahora setenta años, pero gozaba de una salud aparentemente excelente. El embajador veneciano dijo que el papa Alejandro parecía cada día más joven, se mantenía alegre y solo se preocupaba por sus hijos. En particular, pensaba en su joven hija.

En enero de 1501, comenzaron las negociaciones para un nuevo matrimonio de Lucrecia con Alfonso d'Este, hijo del duque Ercole d'Este de Ferrara. Ferrara se encontraba justo al norte de Romaña, lo que la convertía en un aliado potencialmente importante. Ferrara mantenía buenas relaciones con los franceses y necesitaba aliados contra la amenaza de su más poderosa vecina, Venecia. Los Este eran una familia antigua y orgullosa y no estaban impresionados con los Borja, pero aun así escucharon la propuesta. Las mujeres del clan Este, Isabella d'Este Gonzaga y la duquesa de Urbino entre ellas, se opusieron completamente al matrimonio. Lucrecia aún era joven y hermosa, pero estaba casada dos veces y tenía un hijo pequeño de su segundo marido. Las negociaciones se estancaron.

En febrero de 1501, César renovó el asedio de Faenza con 2.000 soldados franceses adicionales. Los ciudadanos de Faenza opusieron resistencia, pero Astorre III finalmente se rindió el 25 de abril. Cuando las noticias de la caída de Faenza llegaron a Roma, hubo muchas celebraciones, y el papa Alejandro concedió a César el título de «duque de Romaña». Alejandro añadió que César ostentaba este título en su propio nombre, lo que significaba que no ostentaba la región en nombre del papa, sino que estaba estableciendo una dinastía por derecho propio. A pesar de que César les aseguró que serían bien tratados, Astorre III Manfredi y su hermanastro fueron enviados a Roma, donde fueron arrojados a las mazmorras del castillo de Sant'Angelo. Un año más tarde, sus cuerpos fueron sacados del río Tíber.

César se dirigió entonces a Bolonia, protegida por su mecenas Luis XII. Luis prohibió a César atacar Bolonia, pero convenció al hombre fuerte Giovanni Bentivoglio para que cediera a César la fortaleza del castillo boloñés, que era lo que César quería. Esto sirvió para asegurar la frontera norte de la Romaña. César entonces realizó un movimiento sorpresa y marchó hacia Florencia, que recientemente había enviado una delegación a Luis XII que incluía a Maquiavelo y se había asegurado la protección de la ciudad por parte del rey francés. Sin duda, César estaba probando suerte de nuevo. El 14 de mayo, César presentó una lista de exigencias a los gobernantes de Florencia, entre las que se incluía el nombramiento de *condottiere* de la ciudad.

Las ciudades solían contratar al *condottiere* y sus compañías, pero César Borja intentó obligar a los florentinos a contratarlo con dinero que no tenían después de haber pagado ya a los franceses por protección.

Florencia ofreció a César una *condotta* de tres años pagando 36.000 ducados anuales. Todo hace pensar que no tenían intención de pagar esta renta. César abandonó Florencia y continuó por el valle del Arno hasta el mar, dejando que sus mercenarios saquearan a su paso. El 4 de junio, llegaron a Piombino y la sitiaron. La ciudad-estado estaba en la frontera de Toscana. Si hubiera capturado la ciudad, habría rodeado Florencia. Sin embargo, llegó la noticia de que Luis XII marchaba hacia el sur y quería recuperar sus tropas; se esperaba que César se uniera a él. César no tuvo más remedio que obedecer. Sin embargo, dejó un contingente de tropas para continuar el asedio bajo el mando de Vitellozzo Vitelli, que odiaba Florencia. A su vez, Florencia lo odiaba a él.

César tomó un desvío a Roma en su camino para reunirse con Luis. Encontró a su padre agitado por la creciente preocupación de los venecianos de que César se estaba volviendo demasiado poderoso y errático. Esto estaba causando problemas en los esfuerzos de Alejandro por continuar la batalla contra los turcos. Mientras César estaba en Roma, Alejandro emitió la bula papal que excomulgaba al rey Federico de Nápoles y hacía público el Trato de Granada. Federico fue acusado de aliarse con los turcos, lo que sin duda era cierto. Federico, sabiendo que Luis se le echaba encima, había acudido a los turcos en busca de ayuda, sin embargo, muchos estados italianos habían hecho cosas similares en el pasado sin ser excomulgados.

Cuando César alcanzó a Luis, llegó la noticia de que Piombino se había rendido y Vitellozzo Vitelli había añadido la mayoría de sus hombres al gran ejército de Luis. El 24 de junio, las fuerzas combinadas de Francia, España y Roma atacaron la ciudad de Capua, defendida por una pequeña fuerza al mando del *condottiere* Fabricio Colonna. César lideró la fuerza de vanguardia que rápidamente invadió las murallas. Los soldados papales y franceses comenzaron un horrible saqueo de la ciudad. Los 3.000 soldados que defendían Capua fueron asesinados, al igual que todos los sacerdotes y monjas que pudieron encontrar. Las mujeres fueron asesinadas y las niñas violadas. Se estima que hubo alrededor de 6.000 muertos. Corría el rumor, ciertamente falso, de que César había encerrado a muchas mujeres en una torre y luego había seleccionado para sí a las cuarenta más bellas. Esto es típico de las historias sobre César en ese momento. Se estaba convirtiendo, para muchos, en la personificación de un príncipe malvado. Aun así, el saqueo de Capua fue tan traumático que se recuerda en la ciudad hasta el día de hoy. Fabricio Colonna fue capturado por los hermanos Orsini. César les dijo que entregaran a Fabricio o lo ejecutaran. Sorprendentemente, no eligieron ninguna de las dos opciones. A pesar de la antigua animosidad entre Orsini y Colonna, los hermanos dejaron que Fabricio pagara un cuantioso rescate y se marchara, quedándose ellos con el dinero.

Tras la caída de Capua, el rey Federico reconoció lo desesperado de su situación y pidió la paz. Luis le ofreció un retiro pacífico en Anjou si abdicaba. Federico aceptó rápidamente y se embarcó rumbo a Francia. Las fuerzas francesas y españolas pronto ocuparon sus respectivas mitades del reino de Nápoles. La conquista se había completado, lo que significaba que los Borja podían volver a preocupaciones más inmediatas.

El potencial matrimonial de Lucrecia era primordial. No existen pruebas de lo que Lucrecia pensaba sobre su circunstancia, pero hay muchas razones para creer que en general la aceptaba porque nunca se le había dado opción. Sí indicó que el matrimonio con Alfonso d'Este era aceptable para ella y animó a su padre a seguir adelante con el acuerdo. Mientras que las mujeres d'Este podrían haberse opuesto a la unión, el duque Ercole estaba madurando la idea. Todo ello a pesar de un rumor sobre una fiesta en el Vaticano con prostitutas, espectáculos de gimnasia y castañas. El duque no creyó las historias e intimidó a su hijo para que aceptara la propuesta. El 6 de agosto se firmó un contrato en el Vaticano. La dote de Lucrecia se fijó en 100.000 ducados de oro, joyas, reducciones en los pagos anuales de Ferrara a Roma, las ciudades de Cento y Pieve (que no habían sido consultadas) y beneficios eclesiásticos adicionales. El acuerdo final del duque demostró que incluso la casa más orgullosa tenía un precio.

Fabricio y Prospero Colonna se habían comprometido a proteger Nápoles para el rey Federico. Tras la abdicación de Federico, estos hermanos se trasladaron al sur, a la región de Nápoles controlada por los españoles, donde fueron contratados por el nuevo virrey español, Gonsalvo. El 17 de septiembre de 1501, el papa Alejandro emitió dos bulas papales que declaraban enemigos a los Colonna y los excomulgaban. Sus propiedades fueron entregadas a Lucrecia, que renunció a ellas, ya que iba a ser la futura duquesa de Ferrara y no necesitaba más tierras. El hijo de Lucrecia, Rodrigo, fue nombrado duque de una ciudad de Colonna, Sermoneta. Mientras que el «niño de Roma», Giovanni Borja, fue nombrado duque de Nepi.

Durante el invierno de 1501-1502, la boda de Lucrecia fue el principal asunto de todos los Borja. La cuantiosa factura de este gran acontecimiento fue pagada en parte por el duque d'Este, pero también directamente del tesoro del Vaticano. Fue sin duda el acontecimiento del año. Una comitiva de unas 1.500 personas llegó de Ferrara a Roma para escoltar a la novia hasta su novio. César recibió a los Ferrarese con 4.000 soldados a caballo vestidos de rojo y amarillo, los colores de la familia Borja. Siguió una semana de juegos, torneos, eventos deportivos y representaciones teatrales.

Una vez calmado el ambiente carnavalesco, el 6 de enero de 1502, Lucrecia se despidió de su padre. Iba rodeada de nobles, que a su vez estaban rodeados de guardias armados, seguidos de una caravana de 150 mulas cargadas de vestidos, joyas, oro, plata, lino y preciosas obras de arte. Lucrecia y Alejandro no volverían a verse. Ella dejó atrás a su joven hijo Rodrigo y a Giovanni, que podría haber sido también su hijo. Su buena amiga y esposa de su hermano, Sancha de Nápoles, estaba prisionera en el castillo de Sant'Angelo. César cabalgó con Lucrecia cuando esta abandonó Roma, pero finalmente dio media vuelta. Su grupo viajaba despacio. Un jinete rápido podía hacer el viaje de Roma a Ferrara en cuatro días; a Lucrecia le llevaría un mes entero. Se vio obligada a detenerse en todas las ciudades y pueblos. Señores y damas fingían afecto por ella, que ella tenía que fingir para corresponder. La colmaban de regalos simplemente porque temían ofender a la Casa de Borja. Una de las paradas fue Pesaro, un lugar al que había llamado hogar con su primer marido, aunque solo fuera por un tiempo.

Cuando llegó a Ferrara, fue recibida por Isabella d'Este Gonzaga, una de las mujeres Este que más se había opuesto a que Lucrecia entrara en su familia. Ambas mujeres llevaban máscaras de falso afecto, fingiendo gustarse por el bien de sus reputaciones. Alfonso, quizás al oír los informes sobre la belleza y la gracia de su novia, abandonó Ferrara y conoció a Lucrecia por primera vez. Alfonso era una mezcla de príncipe italiano cortesano y soldado rudo, quizá más soldado que hombre. Sugirió bruscamente que consumaran su matrimonio allí mismo, pero Lucrecia se opuso. Él aceptó su respuesta y regresó a Ferrara. Lucrecia llegó a la ciudad unos días más tarde. La boda se celebró poco después. A pesar de los recelos de algunos Este y ciudadanos de Ferrara, no dejó de ser una excusa para celebrar una fiesta que duró hasta bien entrada la noche. En ese momento, se oyó al duque d'Este animar a los invitados a volver a casa.

El duque había pedido un árbol genealógico de los Borja para exhibirlo junto al suyo. La familia Este descendía de la realeza de la Casa de Aragón, los Sforza de Milán y la dinastía Gonzaga de Mantua. Los Borja le enviaron una imaginativa genealogía en la que se mostraban descendientes de don Pedro de Atarés, señor feudal de Borja y pretendiente a la Corona de Aragón. Aunque la afirmación de los Borja de ser descendientes de Ramiro I de Aragón era dudosa, esta afirmación era obviamente falsa. Pedro de Atarés, vástago de la Casa de Aragón, había muerto sin descendencia.

Capítulo 8 - La conspiración

Corría el año 1502 y la paz entre España y Francia se resquebrajaba. Las escaramuzas fronterizas se hicieron habituales entre los dos distritos de Nápoles. César se preparaba para su tercera *impresa*, que parecía prometedora para el establecimiento de su ducado de Romaña; podía contar tanto con Francia como con España. Florencia se agotaba intentando retomar la ciudad de Pisa. Venecia estaba centrada en la lucha contra los turcos. Los Colonna casi no existían, y la familia Orsini había firmado para seguir apoyando a César. Este reunió sus fuerzas, pero como de costumbre, no contó a nadie sus planes. Sin embargo, las cosas comenzarían fuera de su control.

El 4 de junio, la ciudad de Arezzo expulsó a sus gobernadores florentinos y pidió la restauración de la familia Médicis. El comandante de César, Vitellozzo Vitelli, tomó la iniciativa y se apoderó de la ciudad con 3.500 soldados. Fueron recibidos como libertadores, pero Florencia se lo tomó como un desafío directo. Vitelli solo empeoró las cosas cuando él y otro comandante llamado Gian Paolo Baglioni dieron lugar a Piero de Médici, que no quería otra cosa que volver a ser el amo de Florencia. Se presume que Vitelli y Baglioni no actuaban por orden de César, sino que, dominados por su odio a Florencia, vieron la oportunidad de derrocar al gobierno republicano y reinstaurar a la familia Médicis. El problema, por supuesto, era que Florencia seguía bajo la protección de Luis XII. César ordenó a Vitelli y Baglioni que se retiraran de Arezzo, pero la orden fue ignorada.

César tenía que actuar. Trasladó su ejército fuera de Roma, pero no se dirigió a Arezzo para enfrentarse a Vitelli ni atacó la pequeña ciudad de Camerino, donde muchos esperaban que atacara para asegurar su posición en Romaña. Volvió a sorprender a todos atacando la ciudad de Urbino, la joya del noroeste de Italia. La ciudad estaba gobernada por el duque Guidobaldo da Montefeltro, hijo de uno de los grandes *condottiere* italianos, Federico da Montefeltro. Los ciudadanos rogaron a Guidobaldo que montara una defensa, pero en lugar de eso, cogió a su mujer, Isabel (que ahora estaba emparentada por matrimonio con Lucrecia y, por tanto, con César), y se marchó. César entró en la ciudad con facilidad. Envió los tesoros del palacio ducal, incluida una enorme biblioteca, a su cuartel general en Cesena. Luego envió un mensaje a Florencia diciendo que estaba dispuesto a hablar. Florencia envió al obispo Francesco Soderini a Urbino como diplomático. El obispo también tenía un secretario con él: Nicolás Maquiavelo.

Cuando el obispo y Maquiavelo llegaron a Urbino, fueron llevados inmediatamente bajo guardia armada a ver a César, que se reunió con ellos a la luz de las velas, vestido de negro como de costumbre y con la apariencia de una figura siniestra sacada de un cuento de hadas. Antes de que los florentinos pudieran hablar, César les reprochó a ellos y a su gobierno su falta de confianza. Les exigió que cambiaran de gobierno y lo apoyaran. «Si no me queréis como amigo —concluyó— me encontraréis como enemigo». Era justo el tipo de maniobra política en la que Maquiavelo estaba tan interesado. Creía que Borja iba de farol, pero la reputación de César de comportamiento temerario hacía que todo fuera incierto. César sabía que le quedaba poco tiempo antes de que Luis XII pudiera disponer de algunas tropas de Milán para descender sobre Vitelli y Baglioni, que marchaban hacia Florencia. Aunque estos comandantes podían haber actuado por su cuenta, Luis lo vería sin duda como una traición por parte de César. Si César pudiera llegar a un acuerdo con Florencia, podría detener a sus caprichosos comandantes. Las exigencias de César eran muchas, pero cuando Maquiavelo regresó a Florencia y se las entregó al líder republicano, el *gonfaloniere* Piero Soderini, el nuevo señor de Florencia solo accedió a una pequeña exigencia. Le prestó a César al famoso ingeniero militar Leonardo da Vinci. El trabajo de Da Vinci no consistía en crear grandes obras de arte, sino en mejorar las defensas y las infraestructuras de Borja en la Romaña. Leonardo no tardó en vivir en el campamento de César. En esta época, da Vinci hizo tres bocetos de César, cuyos rasgos se habían endurecido con la edad, aunque solo tenía veintisiete años.

En julio, César ordenó a los hermanos Orsini que sitiaran Camerino. César ordenó a los Orsini que ofrecieran al señor de Camerino, Giulio Varano, un trato: si rendía la ciudad, él y su familia podrían marcharse en paz. En cuanto abrió las puertas, Varano fue arrojado a un calabozo y sus hijos fueron asesinados. Luego, sin previo aviso, César Borja desapareció. Leonardo incluso anotó en uno de sus famosos cuadernos: «¿Dónde está Valentino?». Fue la única vez que mencionó a César en sus cuadernos de observaciones y arte.

En realidad, Borja había huido de Urbino al amparo de la noche, disfrazado de caballero de San Juan. La razón era simple: César había recibido información de que Luis XII había establecido su corte en Asti y había sido informado de la toma de Urbino y Camerino por Borja, de la toma de Arezzo por Vitelli y de la marcha hacia Florencia. Luis lo consideró una traición y envió soldados para defender Florencia. El tiempo de César se había agotado. César también había descubierto que Vitelli, Baglioni y los hermanos Orsini estaban conspirando contra él. Además, todos los que guardaban rencor a los Borja —y eran muchos— habían viajado para exponer sus quejas ante el rey Luis. La lista de los que acudieron al rey incluía a Guidobaldo da Montefeltro, el depuesto señor de Urbino, un hijo de Giulio Varano que había logrado sobrevivir a la masacre de sus hermanos, Bentivoglio de Bolonia, Francesco Gonzaga de Mantua, el cardenal Juliano Della Rovere (que había guardado rencor al papa Alejandro todos estos años) y el cardenal Giambattista Orsini, a quien los Borja consideraban un aliado, pero que se había vuelto en su contra. Así pues, César decidió abandonar Urbino e ir a la corte de Luis para ver a su viejo amigo, el rey, y defender su caso. Sin embargo, no fue directamente a Asti, sino que dio un rodeo hasta Ferrara para ver a su hermana Lucrecia.

La nueva esposa de Alfonso d'Este se estaba adaptando a su nuevo hogar. Su padre había dispuesto que tuviera una asignación anual de 12.000 ducados, lo que le permitía cenar con estilo, aunque principalmente cenaba con sus asistentes. Su marido pasaba todas las noches en su cama, pero se levantaba temprano para hacer artillería en la armería y luego pasaba horas en las tabernas bebiendo con sus compañeros de armas. Lucrecia había llevado consigo a la mayoría de los asistentes españoles; a su suegro, el duque, esto no le gustaba. Así que contrató ayuda local. Ella no lo sabía, pero algunos de sus nuevos asistentes eran espías colocados por su cuñada, Isabelle d'Este Gonzaga, marquesa de Mantua.

La situación de Lucrecia en Ferrara había sido difícil desde el principio, pero empeoró cuando llegaron a la ciudad las noticias de las conquistas de Urbino y Camerino por parte de su hermano. Esto hizo que Borja se convirtiera en un nombre despreciado en gran parte de la ciudad. Isabel estaba especialmente preocupada porque su cuñado, el duque de Urbino, había huido de su ciudad y buscado refugio en su corte de Mantua. Tanto ella como su marido temían que Cesare se volviera contra Mantua. Esto llevó a Francesco Gonzaga a defender su caso ante Luis XII. Sin embargo, las cosas se complicaron aún más cuando se descubrió que Lucrecia estaba embarazada. Las noticias se tornaron nefastas cuando comenzó a mostrar signos de extrema enfermedad. Su estado empeoró rápidamente. El papa envió a su médico personal, al igual que César. De poco sirvió. Sufría paroxismos (ataques violentos) y delirios. Esto hizo que César desviara su rumbo para ver a Luis. La noche del 28 de julio de 1502, César llegó a Ferrara. Lucrecia estaba lo suficientemente bien como para ver a su hermano. Se sentó en la cama mientras él se sentaba a su lado, y hablaron durante horas en dialecto valenciano para que nadie más pudiera entenderles. Se decía que César había prometido hacer heredero de la Romaña al «niño romano», Giovanni. ¿Indicaba esto que Giovanni era en realidad hijo de Lucrecia, de César o, como algunos sugirieron, hijo de ambos? César abandonó Ferrara al amanecer, rumbo a Milán.

Cuando César llegó, Luis salió a recibirlo personalmente y lo abrazó a la vista de todos. El rey incluso le dio a César algunas de sus ropas para que se cambiara, ya que el duque no había llevado equipaje. Los enemigos de César estaban fuera de sí. La verdad es que Luis y César estaban muy unidos. A pesar de las fechorías de César, Luis veía al joven duque como un hijo pródigo. Además, Luis creía que la guerra con España no estaba lejos, y sabía que necesitaría la ayuda del ejército papal que César comandaba. Cuando ambos se pusieron a hablar, Luis no tardó en dar permiso a César para tomar Bolonia, a pesar de que la ciudad estaba bajo protección francesa. Además, Luis propuso que la hija pequeña de César en Francia, Luisa, fuera prometida al joven Federico Gonzaga, heredero de Mantua e hijo de Isabel de Este. Luis dijo a César que apoyaba totalmente su control de la Romaña y que estos movimientos ayudarían a asegurar el ducado para el futuro. Los enemigos de los Borja en la corte francesa fueron destituidos.

Solo Francesco Gonzaga permaneció. De este modo, Luis pudo explicar que si Gonzaga quería seguir siendo marqués de Mantua, tendría que casar a su hijo con la hija de César. Al conocer el resultado de la reunión de César con Luis, Maquiavelo, que se encontraba en el campamento de César en Urbino, llegó a la conclusión de que el rey francés había cometido un grave error al confiar en los Borja, cuando en realidad no podía confiar en ellos. César dejó a Luis el 20 de septiembre; sus palabras de despedida prometían ayudar a Luis en su guerra contra España «cuando llegara el momento».

De regreso a Romaña, César se detuvo de nuevo para ver a Lucrecia. Su estado había empeorado. Había dado a luz a un niño muerto y ahora tenía una fiebre peligrosamente alta. Se llamó a un sacerdote para que le administrara la extremaunción. César dejó Ferrara, inseguro del futuro de su hermana. Ella se recuperaría, pero fue la última vez que se vieron.

César Borja estableció entonces su corte en Imola y comenzó a administrar su ducado. Nombró para los cargos oficiales a hombres competentes y sin vínculos con la corrupción. El pueblo de Romaña comenzó a mostrar signos de aceptación del gobierno de César. Envió a Leonardo da Vinci para inspeccionar las ciudades y desarrollar planes de mejora, como defensas, canales y puentes. César no había olvidado los rumores de que sus comandantes italianos conspiraban contra él. Despidió al comandante español Ramiro de Lorca, no por conspirar contra él, sino porque ya no necesitaba las tácticas despiadadas de Lorca para impedir que el pueblo se sublevara. Lorca había sido gobernador de la Romaña; como sustituto, César eligió al erudito humanista Antonio di Monte San Savino, que ahora tomaba el título de presidente de la Romaña.

Al saber que la familia Orsini podría estar conspirando contra su hijo, el papa Alejandro les ordenó que se presentaran inmediatamente ante César. Preocupados por las implicaciones de la citación, los conspiradores celebraron una reunión clandestina en la fortaleza de los Orsini, La Magrone, a orillas del lago Trasimeno. Asistieron el cardenal Orsini, Paolo Orsini, Vitellozzo Vitelli, Oliverotto (señor de Fermo), el comandante Baglioni y Guidobaldo, antiguo duque de Urbino. El líder era Pandolfo Petrucci, gobernante de Siena. En la reunión, juraron confiar los unos en los otros y derrotar a César Borja.

En octubre de 1502, Guidobaldo, con la ayuda de Vitelli y los Orsini, marchó a Urbino, que estaba en poder de una pequeña guarnición al mando de los comandantes españoles Ugo (Hugo) de Moncada y el infame Miguel de Corella. César ordenó a sus hombres que se retiraran ante la superioridad de las fuerzas. Podría volver para tomar Urbino cuando dispusiera de más hombres. La ciudad de Fossombrone, al enterarse de la liberación de Urbino, se sublevó y expulsó a los soldados de los Borja. Moncada y Corella, que regresaban de Urbino, se encargaron de retomar Fossombrone. Vitelli, al enterarse, marchó sobre Fossombrone y derrotó a las fuerzas de los Borja. Moncada fue hecho prisionero y Corella escapó por los pelos.

Parecía que todo lo que César había logrado le sería arrebatado. El papa estaba muy preocupado por este giro de los acontecimientos, pero César parecía imperturbable. Permaneció en Imola y comenzó a contratar soldados de la Romaña y a solicitar tropas a Luis en Milán. Alejandro enviaba dinero a su hijo para cubrir posibles gastos. También envió un mensaje a Paolo Orsini ofreciendo la protección de las tierras de los Orsini y la reconciliación con el papa. Alejandro llamó al cardenal Orsini a Roma y reavivó su amistad, prometiendo dimitir como papa y entregar la tiara a Orsini si el cardenal prometía proteger a César. Paolo se dejó convencer por César y actuó como mensajero de los demás conspiradores, prometiéndoles protección. Vitelli fue el siguiente en rendirse. Indicó que estaba dispuesto a firmar un acuerdo con César para reanudar su lealtad. Guidobaldo, al enterarse de estas deserciones, se asustó y abandonó Urbino disfrazado de monje. César recuperó rápidamente la ciudad y, para ganarse a la población, se propuso garantizar los derechos de los ciudadanos. Bentivoglio de Bolonia envió entonces un mensaje a César para confirmar su alianza. César le perdonó su error, pero le exigió un tributo en forma de soldados y dinero. César sugirió a los conspiradores que se reunieran con él para consolidar su alianza en la ciudad costera de Senigallia a finales de diciembre.

Capítulo 9 - Crisis

El 10 de diciembre, César abandonó Imola con su ejército, incluidos algunos de los conspiradores recién restaurados. La ciudad de Senigallia, su destino propuesto, no estaba bajo el control de César, por lo que el plan era que el ejército de César la tomara a finales de mes. Diez días después, César ordenó o recibió la noticia de que sus tropas francesas regresaban a Milán. Acababa de perder 3.000 de sus mejores tropas. Todo el mundo asumió que la última *impresa* de César había terminado antes de empezar, pero César permaneció tan inescrutable como siempre. Celebró un baile cuando las tropas francesas se marcharon. Entonces, dos días después, Ramiro de Lorca, el anterior gobernador de la Romaña, fue encontrado decapitado, con la cabeza clavada en una lanza. Obviamente, fue obra de César Borja, aunque sus motivos quedaron ocultos. Se sabía que Lorca había estado hablando con los conspiradores, pero también existe la historia de que Lorca había actuado de forma inapropiada con Lucrecia en su viaje a Ferrara.

El ejército de César se detuvo en Cesena, pero el 26 de diciembre, César dejó atrás a su ejército con órdenes de seguirlo. Dos días después, llegó a la ciudad costera de Pesaro. El conspirador, Oliverotto, había tomado la ciudad de Senigallia. Oliverotto envió un mensaje a César diciendo que el castellano (gobernador) solo entregaría las llaves de la ciudad a César en persona. Además, informó Oliverotto que los hermanos Orsini y Vitellozzo Vitelli estaban esperando para recibir a César allí. Parecía una trampa muy evidente.

César marchó hacia Senigallia, pero sus escasas fuerzas se habían reforzado con 800 mercenarios italianos y 1.500 suizos procedentes de Milán. A una milla de la ciudad, se encontró con Vitelli y los tres hermanos Orsini —Paolo, Francesco y Roberto—, que habían salido a su encuentro. Le dijeron que Oliverotto se había quedado atrás, así que César hizo que don Miguel de Corella trajera a Oliverotto para que se reuniera con ellos. César abrazó a cada uno de ellos y cabalgaron juntos, conversando como viejos amigos. Oliverotto se unió a ellos. Senigallia estaba rodeada por un foso con un puente de madera que conducía a la única puerta de las murallas de la ciudad. La caballería pesada de César cruzó el puente y luego formó filas a ambos lados del camino, dejando un paso para que cabalgaran los demás. César condujo a los conspiradores a un palacio que Corella había elegido como cuartel general. Las puertas de la ciudad se cerraron tras ellos. Viendo que el grupo se ponía nervioso, César les aseguró que estaban perfectamente a salvo. Desmontaron y entraron en un salón, donde se sentaron alrededor de una mesa. César se excusó para ir al baño. En cuanto salió, un grupo de hombres entró en la sala y capturó a los conspiradores, atándoles las manos a la espalda.

César ya estaba de vuelta en su caballo y ordenó a los escoltas armados de Oliverotto que se reunieran con la fuerza principal fuera de las murallas de la ciudad. Cuando intentaron seguir esta orden, la caballería pesada de César los descuartizó mientras abandonaban las puertas de la ciudad. El resto de las tropas de Oliverotto se rindieron rápidamente. César envió entonces tropas para atacar los campamentos de soldados dispersos de los Orsini y los Vitelli.

El 1 de enero de 1503, César ordenó a don Miguel de Corella que matara a Vitelli y Oliverotto por el método preferido del comandante español: estrangulación con una cuerda de lira y un pasador que se retorcía hasta que las víctimas morían. Lo llamaban «a la española». Dos días después, César envió un mensaje secreto a su padre para informarle de lo sucedido. Alejandro invitó entonces al cardenal Orsini a su palacio, donde hizo arrestar al cardenal y lo metió en las mazmorras del Castel Sant'Angelo. César no tardó en ponerse en marcha. Mantuvo a los tres hermanos Orsini en un carro enjaulado que viajaba con su ejército. Los ciudadanos de Fermo, que habían sido gobernados por Oliverotto, ahora se comprometieron a apoyar a César. La ciudad de Vitelli, Città di Castello, también se rindió a César. Una vez que llegaron a Città di Castello, César hizo que Corella matara a los tres hermanos Orsini «a la española». La ciudad de Perugia se rindió ahora a César. Su líder, Baglioni, era uno de los conspiradores y había huido a Siena, que estaba controlada por el líder de la conspiración, Pandolfo Petrucci. César quería marchar sobre Siena, pero esa ciudad estaba protegida por Francia.

Llegados a este punto, lo mejor sería hablar de las motivaciones más profundas del papa Alejandro VI y de César Borja. ¿Qué querían realmente los Borja? La respuesta era nada menos que un imperio. Alejandro utilizó sus funciones como cardenal y papa para elevar a sus hijos al rango de nobles. César no solo gobernaría Romaña, sino toda Italia central. A la muerte de Alejandro, César tomaría el control de Roma y se nombraría a sí mismo papa. Los franceses y los españoles serían expulsados de una Italia unificada gobernada por los Borja. Desde allí, comenzarían un nuevo Imperio romano. La corona imperial siempre descansaría en la cabeza de un Borja.

En el verano de 1503, las cosas en Italia estaban llegando a un punto de ebullición. Francia preparaba un ejército en Milán para marchar al sur y relevar a sus tropas en Nápoles, asediadas por los españoles. César estaba del lado de Luis en esta guerra, pero Alejandro intentaba jugar a dos bandas para que, pasara lo que pasara, Roma y los Borja estuvieran en un bando ganador. Para centrarse en estos planes, Alejandro permaneció en Roma durante la época más calurosa del año, cuando normalmente se habría retirado al campo. Durante los meses de verano, Roma estaba plagada de mosquitos portadores de enfermedades. En la primera semana de agosto, Alejandro y César fueron invitados a una fiesta del cardenal Adriano da Corneto. Seis días después, Alejandro enfermó repentinamente. Al día siguiente, César también cayó enfermo. Pronto se difundió la noticia de que habían sido envenenados; algunas historias afirmaban que los Borja habían consumido accidentalmente vino que habían envenenado para el cardenal, pero que ellos mismos habían bebido por error. El 18 de agosto de 1503, el papa Alejandro VI, conocido durante la mayor parte de su vida como Rodrigo Borja, murió a pesar de los esfuerzos de los médicos por sangrarlo y hacerle una transfusión de sangre. En aquel momento, nadie sabía qué lo había matado, pero más tarde se supo que había muerto de la enfermedad común de la malaria.

Mientras el cuerpo de Alejandro yacía en el vestíbulo principal del Vaticano, César seguía sufriendo en la cama y, por tanto, no podía apoderarse de Roma, si es que realmente era eso lo que pretendía hacer.

En su lugar, envió a Miguel de Corella y a algunos hombres a los aposentos papales, donde se llevaron dos cofres llenos de 100.000 ducados y otros objetos por un valor estimado de 300.000 ducados. La noticia de la muerte de Alejandro se extendió por toda Europa. Tardó solo unos días en llegar a Lucrecia en Ferrara, así como a Maquiavelo y da Vinci en Florencia. En menos de una semana, la noticia llegó a oídos de Luis XII en Milán y de los españoles en Nápoles. Semanas más tarde, los reyes Fernando e Isabel se enteraron del fallecimiento de su amigo convertido en enemigo. Entonces la noticia llegó a oídos de un estudiante de diecinueve años de la Universidad de Erfurt, en Alemania, llamado Martín Lutero, que veía en los Borja todo lo que estaba mal en la Iglesia católica.

Pronto el Sacro Colegio se reunió, no en el Vaticano, sino en el corazón de Roma, en la iglesia de Santa Maria sopra Minerva. La ciudad había caído en el caos, con bandas rivales en las calles que apoyaban a los Orsini, los Colonna y los Borja. Al mismo tiempo, el ejército francés marchaba desde Milán y acampaba a unas cincuenta millas al norte de Roma. Los españoles habían suspendido su asedio y acampaban a quince kilómetros al sur de la ciudad. Aunque estaba enfermo en cama, César tenía la mayor parte del poder en Roma. Todos esperaban a ver si se recuperaba y, si lo hacía, qué haría. Los franceses y los españoles querían a su ejército de su lado, y se esperaba que los cardenales votaran según sus deseos. Sin embargo, el control de César sobre Romaña se desmoronaba rápidamente. Los venecianos tomaron la ciudad costera de Cesenatico y prestaron tropas a Guidobaldo da Montefeltro para que pudiera retomar Urbino. Baglioni había retomado Perugia, Pandolfo Malatesta Rímini y Giovanni Sforza Pesaro.

En Roma, César fue convencido de abandonar el Vaticano. Permitió que los cardenales se reunieran en la Capilla Sixtina, siempre y cuando acordaran que quien se convirtiera en papa lo restituiría como capitán general del ejército papal y ordenaría a Venecia que dejara de interferir en la Romaña. Así se acordó, y César, aunque todavía muy enfermo, abandonó Roma a la cabeza de una gran procesión, llevando consigo sus tesoros. Había acordado reunirse con los españoles y unirse a su causa contra los franceses, pero en lugar de ello viajó a Nepi y declaró su apoyo a su amigo Luis XII. Lucrecia, que había estado inconsolable ante la noticia de la muerte de su padre, se recuperó y convenció al duque de Ferrara para que reuniera 1.000 soldados de infantería y 130 ballesteros para añadirlos al ejército de Borja. El Sacro Colegio eligió papa al cardenal Francesco Piccolomini el 22 de septiembre de 1503. Se convirtió en el papa Pío III. El nuevo papa se encontró con que las arcas papales estaban vacías. Pío permitió a César regresar a Roma, donde fue nombrado capitán general del ejército papal. César accedió a prestar a Pío el dinero que necesitaba para pagar su coronación, dinero que César había tomado de su difunto padre.

La familia Borja estaba de vuelta en el Vaticano, controlando al anciano papa. Entonces, el 18 de octubre, solo veintiséis días después de su elección, el papa Pío III murió. César trasladó a su familia a Castel Sant'Angelo. Esta incluía un hijo y una hija ilegítimos, los *Infans Romanus*, Giovanni, y Rodrigo, de cuatro años, hijo de Lucrecia. Se convocó otro cónclave, y el viejo enemigo de los Borja, el cardenal della Rovere, se presentó ante César con una oferta. Si César podía obtener los votos que della Rovere necesitaba para convertirse en papa, Rovere nombraría a César capitán general y apoyaría su campaña para retomar la Romaña. César tenía pocas opciones y aceptó a regañadientes. Della Rovere fue elegido papa Julio II. César marchó con su ejército a Ostia, presumiblemente planeando su campaña para capturar las ciudades que había perdido. Pero fue traicionado por un capitán que dejó que la guardia papal lo arrestara y lo llevara de vuelta a Roma por orden del papa. No fue arrojado a las mazmorras del castillo de Sant'Angelo, sino que fue puesto bajo fuerte vigilancia en la misma habitación donde el segundo marido de Lucrecia, Alfonso, había sido estrangulado por don Miguel de Corella. El propio Corella fue capturado poco después por Baglioni en la frontera entre Florencia y Perugia. Julio II nombró a Guidobaldo da Montefeltro capitán general del ejército papal. Desde su celda, César intentó hacer llegar sus vastos tesoros a Lucrecia en Ferrara, pero los espías estropearon estos planes, y Julio capturó gran parte del tesoro. El papa entabló entonces un proceso judicial contra César, implicándolo en los asesinatos de los cardenales Giovanni Michiel y Giambattista Orsini. El 28 de diciembre, el general español Gonsalvo derrotó finalmente a los franceses en el río Garigliano. Maquiavelo, que se encontraba en Roma, informó a Florencia: «Parece como si poco a poco Borja se hundiera en su tumba».

Aunque el papa Julio quería juzgar a César en Roma, bajo la presión de los españoles, le permitió viajar a Ostia y ser liberado una vez que las fortalezas de la Romaña fueron entregadas al papado. El 19 de abril de 1504 llegó a Ostia la noticia de que las fortalezas de César Borja estaban ahora bajo control papal. El cardenal Carvajal, que estaba al mando en

Ostia, siguió sus órdenes y liberó a César. Resultó que Julio no tenía intención de dejar marchar a César, pero no se lo había comunicado a Carvajal a tiempo. César podría haber viajado al norte hacia los franceses, pero en lugar de eso, se dirigió al sur, a la Nápoles española. Gonsalvo, siguiendo órdenes del rey Fernando, encarceló a César cuando llegó. En agosto, César fue embarcado rumbo a España. Una vez en España, fue encarcelado en la fortaleza de Chinchilla. El rey Fernando había prometido al papa que César nunca regresaría a Italia y que sería juzgado por los asesinatos de su hermano, Giovanni Borja, y de su cuñado, Alfonso de Nápoles. César languideció en prisión.

Luego, en diciembre de 1505, murió la reina Isabel, y la paranoia del rey Fernando no tuvo freno. Pronto decidió que había que deponer a Gonsalvo en Nápoles; quería que César llevara algunas tropas españolas para completar esta misión. Antes de que las cosas se pusieran en marcha, Fernando estaba convencido de la insensatez de este plan. Sin embargo, las condiciones de César en prisión mejoraron cuando se supo que podría llegar a ser útil al rey. César obtuvo una larga cuerda de uno de los criados que le llevaban sus necesidades. El 25 de octubre de 1506, trepó por una ventana y escapó, aunque resultó herido cuando los guardias cortaron la cuerda que estaba utilizando. Se refugió entonces en el reino de Navarra y fue acogido por el rey Jean d'Albret (Juan III), su cuñado. El rey Juan III no tenía dinero para ayudar a César a recuperar la Romaña, pero César pudo corresponder a la amabilidad del rey ofreciéndole sus servicios en una guerra civil contra el rebelde conde de Lerín.

César condujo a 10.000 hombres a la batalla. Hizo retroceder a las fuerzas del conde, pero en el caos de una batalla, se separó de sus hombres y fue rodeado por fuerzas enemigas. Lo derribaron de su caballo y cayeron sobre él con sus cuchillos. El 12 de marzo de 1507, César Borja sucumbió a sus heridas en el campo de batalla y murió en España. Tenía solo 31 años.

Lucrecia Borja
https://commons.wikimedia.org/wiki/File:Dosso_DOSSI_,_Battista_DOSSI_(attributed_to)_-_Lucrezia_Borgia,_Duchess_of_Ferrara_-_Google_Art_Project.jpg

Cuando Lucrecia, ahora duquesa de Ferrara, recibió la noticia de la muerte de César, se encerró en su habitación y se la oyó gritar el nombre de su hermano con agonía. Tenía veintisiete años y llevaba dos como duquesa. Luis de Francia sugirió a Alfonso d'Este que se deshiciera de su esposa Borja, algo que Julio II habría estado encantado de complacer, pero el duque ignoró la idea. Se contentó con Lucrecia y la cuantiosa dote que venía con ella. A pesar de su dolor por la pérdida de su hermano, se convirtió en el modelo de duquesa renacentista. Era cortés, hermosa y dulce. Hablaba español, francés e italiano y dominaba el latín y el griego. Era mecenas de las artes y, gracias a la experiencia previa que le había dado su padre, una excelente administradora. Cuando su marido partió a la guerra, la ciudad y la región quedaron a salvo en sus manos.

En 1508, Lucrecia dio a luz al heredero de Ferrara, un niño llamado Ercole, como su abuelo. Al año siguiente, dio a luz a otro niño llamado Hipólito en honor a su tío, el cardenal, y destinado a ser cardenal él mismo. Poco después estallaron de nuevo las guerras italianas y Ferrara se enfrentó a la ira del papa Julio II. Alfonso y Lucrecia mantuvieron a raya al papa hasta 1513, cuando Julio II murió mientras planeaba la invasión de Ferrara. El año anterior, el hijo de Lucrecia con Alfonso de Nápoles, el joven Rodrigo, había muerto cuando solo tenía doce años. Lucrecia tuvo otro hijo, una hija y otro hijo en los años siguientes. También se había asegurado de que el *Infans Romanus*, Giovanni Borja, estuviera bien cuidado, así como otro niño llamado Rodrigo, que podría haber sido hijo ilegítimo de César. Lucrecia era adorada en Ferrara por su piedad y sacrificio. Vendió sus joyas durante la guerra con Roma para ayudar a los pobres de la ciudad.

Se dice que Lucrecia tuvo muchas aventuras después de llegar a Ferrara. Intercambió cartas de amor con un poeta llamado Pietro Bembo y podría haber mantenido una relación con su cuñado Francesco Gonzaga, marqués de Mantua y esposo de Isabella d'Este. También hay pruebas de una relación con un general francés llamado Pierre LeVieux. Sin embargo, las pruebas son habladurías y colecciones de cartas de amor, que pueden no haber sido más que el amor cortés de la época y no pruebas reales de relaciones íntimas. En este sentido, Lucrecia no era diferente de cualquier otra dama importante de la Italia de la época. Murió durante el parto en 1519, a la edad de 39 años. Sus hijos no solo fueron nobles, sino que también se casaron con nobles. Entre sus descendientes se encuentran los reyes de España y Bélgica, el gran duque de Luxemburgo, la Casa de Borbón de Francia y los descendientes de los últimos gobernantes de Baviera, Brasil y Sajonia.

Jofré Borja, el hermano menor y a menudo olvidado de Lucrecia y César, murió dos años antes que su hermana y dejó cuatro hijos. Su esposa, Sancha, que parecía ser la amante de media Italia, había muerto en 1505. Se había casado de nuevo con una mujer llamada Maria del Milà, lo que indica que era miembro de la rama del Milà del árbol genealógico de los Borja. El hijo de Jofré de su segundo matrimonio, su nieto y luego su bisnieto se convirtieron en los príncipes de Squillace. Cuando la línea masculina se extinguió, el título pasó a una hija casada con el duque de Gandía, por lo que esas dos casas se combinaron. Sin embargo, no fue un gran salto unir estas dos líneas. Hay que recordar que los duques de Gandía también eran Borja. El primer duque fue

Pedro Luis, el primer hijo ilegítimo de Rodrigo Borja. El segundo fue el malogrado Giovanni Borja, que fue apuñalado y arrojado al Tíber. El tercero fue Juan de Borja y Enríquez de Luna, que parece haber llevado una vida sencilla. El cuarto duque de Gandía de la Casa de Borja se llamaba Francisco. Es posible que se apellidara «de Borja» a la española, pero en la actualidad se suele traducir también como Francis Borja.

Capítulo 10 - San Francisco de Borja

San Francisco de Borja rezando en un altar
Ver página del autor, CC BY 4.0 <https://creativecommons.org/licenses/by/4.0>, vía Wikimedia Commons https://commons.wikimedia.org/wiki/File:Saint_Francis_Borgia_praying_at_an_altar;_cupids_and_Wellcome_V0031999.jpg

Francisco de Borja nació el 28 de octubre de 1510, hijo de Juan de Borja y Juana de Aragón. La abuela de Francisco, María Enríquez, y su tía, Isabel de Borja, eran monjas en el convento de Clarisas de Gandía. La madre de Francisco murió cuando él solo tenía diez años. En 1525, fue enviado a Zaragoza para completar su educación; en 1528, fue enviado a la corte del emperador del Sacro Imperio Romano Germánico Carlos, que también era rey de España. Se casó con Leonor de Castro, también de Gandía. Carlos se encariñó con el joven Francisco y lo nombró marqués de Lombay, maestro de los sabuesos y ecuestre de la emperatriz, que también se encariñó con Francisco. En 1536, Francisco acompañó a Carlos en una desafortunada campaña en Provenza. En esta época, Francisco se entregó a su pasatiempo favorito de componer música eclesiástica.

En 1539 murió la emperatriz Isabel y Francisco trasladó sus restos a Granada para su entierro. Ese mismo año, Carlos nombró a Francisco virrey de Cataluña. Francisco pronto puso en marcha reformas judiciales y puso en orden las finanzas de la ciudad de Barcelona. Libró al país de bandidos y construyó defensas. En 1543 muere su padre y se convierte en el IV duque de Gandía. Se le encomendó establecer un matrimonio entre el príncipe de España y la princesa de Portugal para unir ambos países, pero fracasó. Francisco se retiró a Gandía. Entonces, en 1546, murió su amada esposa. En ese momento, Francisco decidió dedicar su vida a la Iglesia. En 1550, ya había arreglado sus asuntos y traspasado sus títulos a su hijo mayor. Viajó a Roma, donde conoció a san Ignacio y se ordenó sacerdote. Fue querido por los papas Pío IV y Pío V, pero eludió sus deseos de hacerlo cardenal. Se hizo miembro de la Compañía de Jesús, también conocida como los jesuitas.

En 1565 fue nombrado vicario general de la Compañía de Jesús. Reorganizó y fortaleció la orden y envió misioneros a Europa, Brasil, India y Japón. A pesar del poder y la influencia de que gozaba, Francisco de Borja vivió con sencillez, moralidad y devoción a su fe. Muchas personas de su época lo llamaron santo. Murió el 30 de septiembre de 1572 por causas naturales. Fue canonizado por Clemente X en 1670. Los restos de Francisco se encuentran en la iglesia de la Compañía de Jesús de Madrid, donde aún se veneran.

Como ya se ha explicado, el linaje de los Borja continúa en la actualidad, aunque la Casa de Borja ya no existe. Sin embargo, el apellido Borja aún puede encontrarse en lugares como Ecuador, donde estos Borjas son probablemente descendientes de los Borja de los siglos

XV y XVI. Lo que es más evidente es la actitud del público en general hacia el apellido Borja. Los Borja aparecen en todo tipo de obras de ficción, sobre todo la denostada figura de Lucrecia. La presunta hija de Alejandro VI fue el tema de una obra de Víctor Hugo, que más tarde se convirtió en una ópera en la que la ficticia Lucrecia termina la historia envenenando a seis asistentes a la fiesta. Lucrecia aparece en los cómics de Marvel como una supervillana llamada *Cyana* que puede envenenar a sus víctimas con un beso. Ha aparecido en películas mudas de los años veinte y es la *Novia de la Venganza* en la película del mismo nombre de 1949. También aparece en la serie de la BBC de 1981 *Los Borja*, en el videojuego *Assassin's Creed: Brotherhood* y, más recientemente, en la serie de Showtime *Los Borja*. Casi siempre se la muestra como envenenadora, algo de lo que no hay pruebas, y a menudo implicada en relaciones incestuosas, de las que la única prueba son los rumores de los enemigos de la familia.

César es el personaje más famoso de *El Príncipe* de Maquiavelo, quien vio en el joven Borja un buen ejemplo de lo que debe ser un príncipe, aunque no pudo salvarse de su eventual caída. Nietzsche también habla de César en *El Anticristo* y *Más allá del bien y del mal*. Es el protagonista del libro *Príncipe de los Zorros*, de 1947. Su imagen es a menudo la de una ambición despiadada. A veces también se lo considera loco o desquiciado. Esto podría deberse a su comportamiento aparentemente errático en el campo de batalla; sin embargo, esos casos parecen ser cuidadosamente escenificados por César sin que nadie más lo sepa. Su relación con su hermana es lo que parece excitar a muchos artistas y escritores; es un tabú y una forma inmediata de reconocer quién carece de fundamento moral. Si los Borja fueron capaces de incesto, cabe razonar, son capaces de cualquier cosa. Con el tiempo, esto lleva a las profundidades de la depravación y a los extremos del mal. A menudo se muestra a los Borja aliados con el mismísimo Diablo.

Quizá lo más revelador sea que los Apartamentos Borja, un conjunto de habitaciones del palacio papal, fueron sellados tras la muerte de Alejandro VI y no volvieron a abrirse hasta el siglo XIX.

Alejandro recibió el legado más confuso de todos. A veces, es un titiritero de Europa, que desangra las tierras para llenar los bolsillos de su familia y dar lo mejor a sus descendientes. Otras veces, es un tonto torpe que intenta seguir el ritmo de las maniobras de su hijo César, más brillante y agresivo. Cómo un hombre que llegó al sillón de vicecanciller, lo conservó durante cinco papas y luego pasó a ser papa se convirtió en un peón despistado de su hijo es un giro de carácter más allá de lo razonable. Sin duda, Alejandro dejó a César suelto por el mundo y no estaba dispuesto a decirle a su hijo que no. Sin embargo, Alejandro estuvo organizando claramente el ascenso de la Casa de Borja hasta el día de su muerte. Los problemas surgían cuando padre e hijo no se comunicaban sus planes, lo que a veces resultaba difícil. Las preocupaciones de Alejandro sobre el movimiento de César para tomar la Romaña se debían tanto a su incapacidad para confiar simplemente en las decisiones de su hijo en el campo de batalla como a su propia falta de poder.

El papa Julio II, anteriormente cardenal della Rovere, mantuvo su rencor contra los Borja durante bastante tiempo. Cuando obtuvo la tiara, no se anduvo con rodeos a la hora de expresar sus sentimientos hacia su predecesor. Se negó a residir en las habitaciones que los Borja habían llamado hogar y fue quien selló los Apartamentos Borja. Julio se dedicó a destruir todo lo que pudo que tuviera relación con los Borja. Afirmó que debía hacer todo lo posible para que todo el mundo olvidara el apellido Borja. Por supuesto, todo su esfuerzo solo contribuyó a hacer inolvidable el nombre de Borja. Los Borja —especialmente Alejandro, César y Lucrecia— dejaron atrás el monótono mundo de los personajes históricos y se convirtieron, en cambio, en figuras de leyenda. Lucrecia Borja aparece casi siempre cuando se habla de las grandes mujeres fatales de la historia. A César se lo retrata matando a su hermano para convertirse en el favorito de su padre y matando al marido de su hermana porque la quiere para él solo. Alejandro está a la derecha de Lucifer, observando alegremente los negocios sucios que colocan a gente mala en puestos importantes.

Nadie parece saber que el papa Alejandro VI encargó a Bramante la arquitectura y contrató a Rafael, Miguel Ángel y Pinturicchio para que trabajaran para él. Fundó el King's College de Aberdeen (Escocia) y aprobó la Universidad de Valencia. A pesar del comentario ofensivo del cardenal della Rovere, que llamó marrano a Alejandro, el papa fue amable con los judíos desde el principio (aunque, como hemos visto, esto se agrió cuando necesitó dinero.) La verdadera cuestión sobre Alejandro es si fue un papa especialmente malvado en su época. Quizá no sea necesario buscar más allá del papa Julio II. Julio fue criado para ser cardenal porque su tío se había convertido en el papa Sixto IV en un caso abierto de nepotismo. Como cardenal, Julio construyó un gran palacio para vivir lujosamente. A menudo, Julio era considerado sospechoso por sus afinidades francesas, como Alejandro y su origen español. Cuando della Rovere se convirtió en papa, mostró su falta de modestia tomando el nombre de Julio en honor al gran dictador romano. Julio nombró cardenales a varios sobrinos cuando asumió el cargo. Julio también tuvo hijos, aunque solo una hija llegó a la edad adulta, nacida después de que él fuera nombrado cardenal. Su nombre, acertadamente, era Lucrecia; era conocida como Felice della Rovere. El propio Julio afirmó que quería librar a Italia de los bárbaros y tomar el control de todos los Estados Pontificios bajo su liderazgo. Se alió con varios reyes y príncipes y cambió de lealtad cuando le convino. Erasmo escribió una mordaz acusación contra Julio en el tratado de 1514 *Julio excluido del Cielo*, en el que acusa al papa de simonía y pederastia. ¿Por qué recordamos a los Borja y no a los Rovere?

Por un lado, los Borja parecen cumplir todos los requisitos que el público busca en una familia escandalosa: asesinato, incesto, traición y suficientes secretos como para hundir una galera. También hay misterio: ¿quién era exactamente el *Infans Romanus*? Muchos escritores han afirmado que el niño era «obviamente» hijo de Alejandro, de César o de Lucrecia. Pero lo que es obvio para uno no lo es tanto para otros, ya que todos parecen igualmente convencidos de su veracidad. ¿Quién ordenó asesinar a Giovanni Borja? Si fue César, como muchos afirman, entonces debemos aceptar que César era una especie de genio intrigante, un maestro del ajedrez que podía ver seis o siete pasos por delante de cualquier otro. ¿Cómo podía saber que la muerte de Giovanni le permitiría renunciar a su cargo de cardenal? Tal vez solo esperaba que fuera así y asesinó a su hermano como una tirada de dados, lo que deja entrever una verdadera mentalidad psicopática. En esas condiciones, César parece haber tenido mucha suerte. Por otra parte, podría no haber matado a Giovanni. Había muchos otros sospechosos.

Sin duda ayudó el hecho de que César y Lucrecia (y Alexander en su juventud) fueran descritos como guapos. César era considerado el hombre más guapo de Italia, aunque a menudo llevara máscara (es posible que esto se debiera a la sífilis y a los daños que causó en su rostro). Lucrecia siempre es descrita como hermosa. El único retrato que se sabe que es suyo muestra a una joven atractiva sin muchos de los toques femeninos que el ojo occidental espera, pero otras imágenes que se cree que siguen su modelo muestran a una mujer con un radiante cabello dorado y un rostro bello y fino. Si nos creemos las historias de que son malvadas, entonces es lógico que fueran preciosas a la vista. Tientan al público para que acuda a su fiesta, donde se cumplirán todos los deseos carnales. Sin embargo, esta imagen de los Borja dista mucho de ser exacta y no hace justicia a lo que realmente eran estas personas.

Por eso hay que contar la historia completa, empezando por el inesperado papado de Alonso de Borja, siguiendo con Alejandro, César y Lucrecia, y terminando con Francisco. Es apropiado terminar con un santo, ya que muchos de los linajes de los Borja se extinguieron porque las mujeres se hicieron monjas y los hombres sacerdotes. Es como si intentaran compensar los infames crímenes de sus antepasados, que probablemente no fueron ni de lejos tan malos como imaginaban o les habían contado. ¿Significa esto que debemos descartar todas las leyendas? Tal vez no. Hoy en día no hay Borja que quieran limpiar los nombres de sus antepasados. Si los Borja se presentan como ejemplos de abusos de poder y crímenes en las altas esferas de la sociedad, sin duda pueden servir al propósito sin convertirse en villanos super poderosos. Aun así, no estaría de más recordar al público, cuando quemen a los Borja en efigie, que su mayor enemigo, el papa Julio II, fue culpable de muchos de los mismos crímenes. Los Borja son, sin duda, una buena historia de los que suben rápido y caen duro.

Vea más libros escritos por Captivating History

Obras citadas

"CATHOLIC ENCYCLOPEDIA: Girolamo Savonarola". *New Advent*, https://www.newadvent.org/cathen/13490a.htm. Consultado el 22 de marzo de 2023.

de Gurrea, Anna. "CATHOLIC ENCYCLOPEDIA: Francis Borgia". *New Advent*, https://www.newadvent.org/cathen/06213a.htm. Consultado el 5 de abril de 2023.

de Herrera, Antonio. "Jun 7, 1494 CE: Treaty of Tordesillas". *National Geographic Society*, 4 October 2022, https://education.nationalgeographic.org/resource/treaty-tordesillas/. Consultado el 21 de marzo de 2023.

Deyermond, Alan. "Written by the Victors: Technique and Ideaology in Official Historiography in Verse in Late-Medieval Spain". *The Medieval Chronicle*, vol. 6, no. 6, 2009, pp. 59-90. *JSTOR*.

Dumas, Alexandre. *The Borgias*. Edited by Taylor Anderson, CreateSpace Independent Publishing Platform, 2017.

Grendler, Paul F. "The Universities of the Renaissance and Reformation". *Renaissance Quarterly*, vol. 57, no. 1, 2004, pp. 1-42. *JSTOR*.

Meyer, G. J. *The Borgias: The Hidden History*. Random House Publishing Group, 2014.

Plumb, John Harold. *The Italian Renaissance*. Houghton Mifflin, 2001.

Pope Alexander VI and His Court: Extracts from the Latin Diary of Johannes Burchardus. Creative Media Partners, LLC, 2019.

Tartakoff, Paola. "Expelled from Spain: July 31, 1492 | Exploring Hate". *PBS*, 26 de julio de 2022, https://www.pbs.org/wnet/exploring-hate/2022/07/26/expelled-from-spain-july-31-1492/. Consultado el 2 de marzo de 2023.

Printed in the USA
CPSIA information can be obtained
at www.ICGtesting.com
LVHW022011260324
775556LV00004B/159